AF551925

MANA

Weitere Titel von Almut Irmscher in der Reise-Lesebuch-Reihe:

Das **Island**-Lesebuch	(978-3-95503-127-5)
Das **Norwegen**-Lesebuch	(978-3-95503-130-5)
Das **Dänemark**-Lesebuch	(978-3-95503-133-6)
Das **Irland**-Lesebuch	(978-3-95503-136-7)
Das **Schottland**-Lesebuch	(978-3-95503-139-8)
Das **England**-Lesebuch	(978-3-95503-142-8)
Das **Portugal**-Lesebuch	(978-3-95503-146-6)
Das **Italien**-Lesebuch	(978-3-95503-149-7)
Das **Griechenland**-Lesebuch	(978-3-95503-152-7)
Das **Schweden**-Lesebuch	(978-3-95503-177-0)
Das **Kroatien**-Lesebuch	(978-3-95503-180-0)
Das **Toskana**-Lesebuch	(978-3-95503-183-1)
Das **Namibia**-Lesebuch	(978-3-95503-200-5)
Das **Nordsee**-Lesebuch	(978-3-95503-215-9)
Das **Ostsee**-Lesebuch	(978-3-95503-212-8)
Das **Sardinien**-Lesebuch	(978-3-95503-231-9)

Weitere Titel von Gunhild Hexamer in der Reise-Lesebuch-Reihe:

Das **Kanada**-Lesebuch – Der Osten	(978-3-95503-186-2)
Das **Kanada**-Lesebuch – Der Westen	(978-3-95503-189-3)
Das **Kalifornien**-Lesebuch	(978-3-95503-203-6)
Das **USA**-Lesebuch	(978-3-95503-218-0)

Bibliografische Information der Deutschen Nationalbibliothek
Die Deutsche Nationalbibliothek verzeichnet diese Publikation in der Deutschen Nationalbibliografie. Detaillierte bibliografische Daten sind im Internet unter http://dnb.dnb.de abrufbar.

Titelfoto (Alhambra, Granada) **und Bilder im Innenteil:**
Almut Irmscher und Rosi Seidl

Zeichnungen: Tabea Sudrow
Umschlagentwurf, Satz und Layout: MANA-Verlag

Druck: Dardedze, Riga, EU
ISBN: 978-3-95503-209-8

Einführung

Spanien – allein der Klang dieses Wortes zaubert Bilder in den Kopf. Flamencotänzer in stolzer Haltung, die ihre Absätze aufs Parkett hämmern. Rassige Tänzerinnen in rauschenden Gewändern, mit Kastagnetten und herausfordernden Blicken, dazu leidenschaftliche Gitarrenklänge. Matadore, die in funkelnden Boleros schnaubenden Stieren gegenübertreten, dampfende Paella und feuriger Rotwein, Strand, Sonne, Meer und nicht zuletzt die Party am Ballermann. Doch natürlich ist Spanien weit mehr als das, was diese Klischeebilder uns vorgaukeln.

Es ist ein Land mit einer faszinierenden Geschichte, die eine großartige Kultur hervorgebracht hat. Schon seit vorgeschichtlicher Zeit ist die Iberische Halbinsel besiedelt, und seit dem 11. vorchristlichen Jahrhundert kamen immer wieder neue Kolonialisten und Eroberer über das Meer an ihre Küsten. Es begann mit den Phöniziern und setzte sich mit den Römern fort, als diese um 200 v. Chr. die Oberhoheit in der Region erlangten.

Beiden Völkern verdankt das Land seinen Namen, denn die Römer übernahmen dessen phönizische Bezeichnung „ishapan“ und schliffen diese in ihren eigenen Lauten zu „Hispania“. Dabei beruhte das Ganze eigentlich auf einem Missverständnis. Denn „ishapan“ heißt „Land der Klippschliefer“, gemeint ist ein pummeliges Tierchen, das in Afrika südlich der Sahara vorkommt und dessen Lebensraum sich von dort nordostwärts bis nach Vorderasien erstreckt. Klippschliefer sehen aus wie eine Mischung aus Meerschweinchen und Murmeltieren. Den Phöniziern, die ja aus der vorderasiatischen Levante stammten, waren diese Tiere wohlbekannt. Deshalb staunten die phönizischen Seefahrer nicht schlecht, als sie die iberischen Gestade erreichten. Denn es schien in dem fremden Land von diesen vertrauten Wesen nur so zu wimmeln. Sie unterlagen dabei allerdings einem Irrtum, denn es handelte sich um nichts anderes als gewöhnliche Kaninchen. Wer weiß, wie Spanien heute hieße, wenn die Phönizier damals bloß die Augen richtig aufgemacht hätten!

Nach dem Fall des Römischen Reichs kamen die Westgoten ins heutige Spanien, die aber schon im frühen 8. Jahrhundert von den Mauren abgelöst wurden. Diese nordafrikanischen Berber und Araber sollten das Land ganz maßgeblich prägen. Ihre zur damaligen Zeit höchst fortschrittliche Kultur, ihr überragendes Wissen und ihre gepflegte Lebensart hinterließen charakteristische Merkmale dessen, was die Besonderheit des heutige Spaniens ausmacht. Die Mauren blieben bis zum Jahr 1492, als Granada, ihre letzte Bastion, durch die Reconquista fiel. „Reconquista" bedeutet Rückeroberung, gemeint ist die Vertreibung der maurischen Muslime und die Wiedererlangung der Macht durch die spanischen Christen. Die Reconquista zog sich über mehrere Jahrhunderte und brachte so manches blutige Gemetzel mit sich, Erfahrungen, die sich nicht minder prägend auf das Land und seine Bewohner auswirkten. In der Folge der Reconquista entstand die gefürchtete Spanische Inquisition, sie sollte über die strikte Einhaltung der christlichen Vorschriften wachen und jeden Anflug muslimischer Ketzerei im Keime ersticken.

Mit dem endgültigen Sieg über die Mauren begann auch das Zeitalter der Entdecker und Spaniens Aufstieg zur Kolonialmacht. Die im zurückeroberten Granada residierende kastilische Königin Isabella I. entschloss sich, die Finanzierung der folgenreichen Entdeckungsfahrt des Genuesers Christoph Kolumbus zu übernehmen. Unter den vereinigten Königreichen von Kastilien und Aragón stieg Spanien zur bedeutenden See- und Kolonialmacht auf. Erst ab dem späten 16. Jahrhundert, als König Philipp II. seine berühmte Kriegsflotte Armada gegen die konkurrierenden Engländer lenkte und krachend verlor, begann sich das Blatt zu wenden.

Spaniens Macht und Herrlichkeit bröckelten allmählich vor sich hin. Zu Beginn des 20. Jahrhunderts war kaum mehr als ein einfacher Bauernstaat übriggeblieben, bestimmt von rückständigen feudalistischen Strukturen. Eine strikte Klassengesellschaft, in der wenige wohlhabende Landbesitzer Heerscharen von armen Bauersleuten ausbeuteten. Die Industrialisierung hatte bislang nur ganz wenig Boden gewinnen können.

In diese unbefriedigende Situation brach eine Militärdiktatur hinein, die sich zwar nicht lange halten konnte, die aber für erheblichen Aufruhr in den politischen Verhältnissen sorgte. Die Anfangsjahre der 1931 nach dem Zusammenbruch der Diktatur gegründeten Republik waren deshalb von Putschversuchen, Gewalt und blutigen Aufständen gezeichnet. Dem versuchte schließlich General Franco 1936 mit einem Militärputsch ein Ende zu bereiten, was in den Spanischen Bürgerkrieg ausartete. Die Nazis und die italienischen Faschisten unterstützten Franco, während sich alle anderen Staaten aus der Sache heraushielten. Francos Gegner unterlagen deshalb 1939, und es folgte Francos Militärdiktatur, die bis zu seinem Tod im Jahr 1975 andauerte. Unter seiner Ägide wurde das Königtum wieder eingeführt, doch als parlamentarische Erbmonarchie ist es mit nur wenig tatsächlicher Macht ausgestattet. Der König darf im Wesentlichen repräsentieren und einen guten Eindruck machen.

Trotzdem war es König Juan Carlos I., der Francos Nachfolge als Staatsoberhaupt antrat und nach dessen Tod die erforderlichen Schritte zur Umwandlung der Diktatur in eine Demokratie einleitete. Auch dieser Prozess blieb nicht von Putschversuchen, Aufständen und terroristischen Anschlägen verschont. Mit Schrecken erinnere ich mich an die Achtzigerjahre, als paramilitärische Todesschwadronen im staatlichen Auftrag Gräueltaten gegen die ETA verübten. Die ETA, die schon ab 1960 agierende separatistische baskische Untergrundorganisation, sparte ihrerseits nicht mit Terroraktionen. Obwohl sich die ETA 2018 offiziell auflöste, kann bis heute von Ruhe im Lande keine Rede sein. Man denke nur an die katalanischen Unabhängigkeitsbestrebungen und die damit verbundenen wütenden Auseinandersetzungen.

Die Geschichte Spaniens war und ist, wie dieser kurze Abriss gezeigt hat, von Streit und Kampf, vor allem aber vom Streben nach Macht, Unabhängigkeit und Selbstbestimmtheit geprägt. Kein Wunder, dass diese Erfahrungen die spanische Volksseele geformt haben. Die landläufige Redensart, jemand sei „stolz wie ein Spanier", kommt nicht von ungefähr. Auch wenn man sich vor Verallgemeinerungen hüten sollte, so gilt doch für eine Mehrzahl der Spanier, dass sie ihr Land lieben und stolz darauf sind, Spanier zu sein. Und dieses allgemeine Gefühl wirkt sich auch auf den individuellen Stolz aus. Spanier gelten als heißblütig und temperamentvoll, und die Verkörperung dieses Lebensgefühls manifestiert sich vielleicht am eindrucksvollsten im Flamenco-Tanz.

Zugleich sagt man den Spaniern aber auch nach, dass sie ruhige und gelassene Menschen sind, dass Stress und Hektik eher nicht zu ihren Lastern zählen. Sie gelten als unprätentiös und legen größten Wert auf familiäre und freundschaftliche Beziehungen. Das soziale Geflecht nimmt einen zentralen Platz in ihrem Wertesystem ein. Das wiederum zeigt sich in ihrer ausgeprägten Geselligkeit. Das Leben findet, wann immer möglich, draußen statt, und ist tagein, tagaus von einem nicht unbeträchtlichen Geräuschpegel begleitet.

Der mit Abstand größte Teil der knapp 47 Millionen Spanier lebt in den Ballungszentren der großen Städte wie Madrid, Zaragoza und Sevilla oder in den Küstenregionen. Hier liegen ebenfalls bedeutende Städte, aber auch der florierende Tourismus und die damit verbundenen Arbeitsplätze ziehen die Menschen an die Küsten. Das Landesinnere Spaniens ist deshalb recht dünn besiedelt, vielfach geradezu menschenleer. Es ist das Eldorado der spanischen Tierwelt, wo neben Kaninchen noch viele andere Wesen ihren Platz finden. Der Iberische Wolf bildet die größte Wolfspopulation von ganz Westeuropa, neben ihm gibt es Bären und Luchse, Wildkatzen, Mangusten, Steinböcke, Mufflons, Gämsen, Hasen, Hirsche, Rehe, Wildschweine, Füchse, Dachse und viele andere mehr. In den Lüften kreisen verschiedene Arten aus den Familien der Geier und der Adler, durch die Feuchtgebiete stolzieren graziöse Flamingos.

Das Landesinnere der Iberischen Halbinsel bildet ein ausgedehntes Hochplateau, das Meseta oder „Hochland von Kastilien“ genannt wird. Umgrenzt ist es von Gebirgszügen, der bekannteste davon sind die Pyrenäen, die mit mehr als 3.400 Meter hohen Gipfeln eine Barriere zum restlichen Europa bilden. Parallel zur Nordküste verläuft das Kantabrische Gebirge. Im Süden begrenzt zunächst die Sierra Morena die zentrale Hochebene, noch weiter südlich erstreckt sich die Betische Kordillere, die sich von Gibraltar im Südwesten bis nach Valencia ostwärts entlang der Küste zieht. Auch die

Balearischen Inseln gehören zu diesem Gebirgszug, sie ragen sozusagen als dessen letzte Bastion aus dem Mittelmeer empor.

Der höchste Berg liegt in der zur Betischen Kordillere gehörenden Sierra Nevada Andalusiens und ragt 3.482 Meter über den Meeresspiegel empor. Seine Rekordmarke gilt allerdings nur für das spanische Festland, denn auch die Kanarischen Inseln zählen ja zu Spanien. Und auf Teneriffa befindet sich der 3.715 Meter hohe Pico Teide, nicht nur der höchste Berg Spaniens, sondern auch der dritthöchste Vulkan unserer Erde. Denn vom Meeresboden bis zu seinem Gipfel steigt dieser Schichtvulkan beachtliche 7.500 Meter in die Höhe. Sein letzter Ausbruch erfolgte im November 1909.

Für Spaniens Wirtschaft ist noch immer die Landwirtschaft von großer Bedeutung. Besonders die Gegend um die andalusische Stadt El Ejido ist mit einem wahren Meer von Gewächshäusern zugepflastert, was nicht nur ästhetische, sondern auch erhebliche ökologische Probleme verursacht. 36.000 Hektar sind hier mit Plastik überzogen, ein „mar del plástico", das die weltweit größte folienbedeckte Anbaufläche darstellt. Drei Millionen Tonnen Obst und Gemüse werden alljährlich unter diesen Folien hervorgeholt, damit auch wir in Deutschland uns rund ums Jahr an Paprika, Zucchini, Auberginen, Erdbeeren und dergleichen erfreuen können.

Es gibt noch einige weitere Wirtschaftszweige, doch der mit Abstand wichtigste ist der Tourismus. Spaniens Tourismussektor gilt einer Studie des Weltwirtschaftsforums zufolge als der wettbewerbsfähigste der Welt. Jedes Jahr verbringen mehr als 75 Millionen Menschen ihren Urlaub in Spanien. Sie besuchen die Balearen, vorweg natürlich Mallorca, außerdem die Kanaren und die Küsten des Festlands, die so klangvolle Namen tragen wie Costa Brava, Costa del Sol, Costa del la Luz oder Costa Blanca. Aber auch Städte wie Madrid, Barcelona oder Granada ziehen Besucher ins Land. Denn hier finden sich die großen Schätze spanischer Kunst und Kultur. Madrid lockt mit seiner Kathedrale, seinen prächtigen Palästen, den breiten Boulevards und Plätzen. Darüber hinaus natürlich mit den großartigen Museen, ganz besonders mit dem weltberühmten Prado. In Barcelona sind es neben dem pulsierenden Leben auf der Flaniermeile La Rambla, den Museen und den mittelalterlichen Gebäuden vor allem die fantastischen Bauwerke von Antoni Gaudí, die Besucher in ihrem Bann ziehen.

Nun, und Granada birgt einen überwältigenden Schatz maurischer Baukunst: die Alhambra. Schon seit meiner Kindheit wünschte ich mir sehnlichst, dort einmal hinzureisen und die kunstvollen Arabesken zu bestaunen, die diese mittelalterliche Burg in einen orientalischen Märchenpalast verwandeln.

Jahrzehnte später war der große Tag endlich gekommen. Mitten in der Nacht brach ich an einem Mittwoch im Mai mit der ganzen Familie zum Flughafen auf. Unser Ziel: Málaga. Und von dort aus schnellstens weiter in Richtung Granada.

Begleiten Sie mich auf eine Entdeckungsreise durch Spanien. Durchstreifen wir gemeinsam Landschaften und Städte, genießen wir die Schönheit der Inseln und der Küsten, begegnen wir Menschen aus verschiedensten Epochen, lassen wir uns von der Kunst zum Staunen bringen und erkunden wir die Genüsse der spanischen Küche. Damit Letzteres gelingt, ist jedes Kapitel dieses Buchs mit einem Rezept aus Spanien abgerundet. Und für Ihre visuellen Eindrücke erwartet Sie ein Fotoalbum mit zahlreichen Bildern aus ganz Spanien auf meiner Website **www.almutirmscher.de**.

Bienvenido a España – willkommen in Spanien!

Auf der Suche nach den Rosen von Málaga – Ankunft in Spanien

Nachts gegen ein Uhr aufstehen zu müssen, ist wahrlich kein Genuss. Vor allem, wenn man vor lauter Aufregung zuvor kein Auge zugetan hat. Doch der Flieger nach Málaga startete zu einer wirklich barbarisch frühen Zeit, was wollte man da machen? Ein bisschen gute Laune muss herbeigezaubert werden, sagte ich mir. Die unleidlichen Mienen meiner beiden Jüngsten nach gestörter Nachtruhe waren mir nämlich nur allzu gut vertraut.

Deshalb weckte ich sie mit lauter Musik. Naja, und weil ich schon etwas älter bin und deshalb die Siebzigerjahre noch miterleben durfte, gibt es für mich eigentlich nur ein Lied, das in Frage kommt, wenn eine Reise nach Málaga ansteht. Sie wissen schon, diese unsäglichen Rosen, die in Málaga erblühen und den Sommer der Liebe verkünden. Ein klassischer Humtata-Schlager von Cindy und Bert aus dem Jahr 1975. Kennen Sie nicht? Seien sie froh. Was dem Song an Komposition und Aussagekraft abgeht, das macht er als Ohrwurm wieder wett. Einmal im Kopf gelandet, gibt er seinen Platz so schnell nicht wieder frei.

Ich brauche jetzt nicht zu betonen, dass ich damit bei den beiden Kids nicht gerade groß herauskam. Sie waren damals elf und zwölf Jahre alt, die Pubertät kratzte schon mächtig an der Tür. Sie verdrehten die Augen und forderten mit Vehemenz, den Mist abzustellen. Auch die großen Hüte, die mein Ältester und ich uns aufgesetzt hatten, konnten die Situation nicht mehr retten. Und mein Mann hatte sich ohnehin längst verzogen, um die Koffer ins Auto zu packen.

Aber Hauptsache, meine eigene Laune befand sich jetzt in gutem Zustand. Frohgemut erwartete ich unser Eintreffen in Málaga. Inklusive Rosen, spanischem Wein, spanischem Wirt und spanischer Nacht. Málaga, Málaga, Málaga – olé!

Weil die Flugzeit von Köln nach Málaga nur knappe drei Stunden beträgt, landeten wir bereits in den frühen Morgenstunden am Ziel. Mit Mühe wickelten wir irgendwo in einem einsamen Kellergeschoss des Flughafens die Übergabe unseres Mietwagens ab. Das erwies sich als nicht ganz einfach, denn keiner von uns sprach Spanisch, und die Englischkenntnisse der Angestellten der Autovermietung waren ziemlich bescheiden. Überhaupt hat es mich erstaunt, wie wenige Spanier Englisch können. Selbst die jüngeren Leute oder die Angestellten bei Sehenswürdigkeiten wie der Alhambra sprachen meist nur Spanisch. In den touristischen Hochburgen an den Küsten und auf den Inseln ist das zwar vielfach anders, aber beileibe nicht immer, wie wir später am Tag noch erleben sollten. Sich vor der Reise zumindest ein paar rudimentäre Spanischkenntnisse anzueignen, kann also nicht schaden.

Endlich hatten wir alles erledigt und verließen die Tiefgarage des Flughafens. Die Strecke von Málaga nach Granada entlang der andalusischen Küste beträgt etwa 150 Kilometer. Bevor es losging, wollten wir deshalb erst einmal eine kleine Pause am Strand von Málaga einlegen. Und überhaupt, wozu waren wir denn da? Rosen, Sommer der Liebe, und wo die Sonne schöner scheint, na, Sie wissen schon. Wir steuerten also gleich den ersten Strand an, der sich uns bot: Playa de Sacaba, nur fünf Kilometer vom Flugplatz entfernt.

Kennen sie den Zustand völliger Übernächtigung? Es ist ein bisschen so, als stehe man neben sich und sehe sich selbst bei dem zu, was man gerade erlebt. Fast so, als betrachte man einen Film. Und mich befiel nun mit Macht das Gefühl, im völlig falschen Film gelandet zu sein!

Der Strand lag grau und ziemlich schmutzig unter einer fahlen Morgensonne, verwitterte Betonquader begrenzten ihn. Gleich nebenan am Wasser erhob sich ein neunstöckiges Wohngebäude, dessen kleine Zellen wie Schuhkartons übereinandergestapelt und mit unansehnlichen blassgelben Balkonbrüstungen verbunden waren. Die Mauer davor mit Graffiti überzogen, das Gesamtbild abgerundet von Plastikmüll und Zigarettenstummeln. Rosen? Fehlanzeige.

Cindy und Bert so einfach geglaubt zu haben, war wohl ziemlich naiv. Schließlich ist Málaga mit knapp 600.000 Einwohnern die zweitgrößte Stadt Andalusiens nach Sevilla, der Hauptstadt dieser Region. Andalusien ist eine von 17 derartigen Regionen, den „autonomen Gemeinschaften", aus denen sich der spanische Staat zusammensetzt. Hinzu kommen noch die beiden nordafrikanischen Exklaven Ceuta und Melilla. Diese regionale Aufteilung wurzelt in der Zeit, als Spanien noch aus einzelnen Königreichen bestand, und überdauerte selbst die Vereinigung weiter Teile des Landes durch die Heirat der Katholischen Könige Isabella I. von Kastilien und Ferdinand II. von Aragón im Jahr 1469. In der Verfassung von 1978 wird zwar die Einheit der spanischen Nation festgeschrieben, den Regionen aber auch das Recht auf weitgehende Autonomie zugestanden. Andalusien ist die bevölkerungsreichste dieser Regionen und nach der autonomen Gemeinschaft Kastilien und León die zweitgrößte.

Málaga an der Südküste Andalusiens ist berühmt für sein ausgesprochen freundliches Klima. Die Sommer sind heiß, die Winter mild, der Strand ist lang. Er gehört zur berühmten Costa del Sol. Das klingt gut, und weil Málaga dank seines Flughafens ausgesprochen bequem zu erreichen ist, entwickelte es sich schon früh zur Touristenhochburg. Nur eins ist Málaga nicht: schön. Zumindest nicht auf den ersten Blick.

Meine Enttäuschung war deshalb entsprechend groß, um nicht zu sagen, ich war schockiert. Denn fährt man weiter entlang der Uferstraße durch die Stadt, so reihen sich schier endlos Wohnkästen aneinander, die alle mehr oder weniger dem Schuhkartongebilde ähneln, das uns beim ersten Strandbesuch empfing. Das Meer versteckt sich meist hinter der ersten Reihe dieser Bauten, und geht man zum Strand, so gibt es zwar eine Promenade mit ein paar Palmen, dazu Sand und das blaue Meer. Vor den Bergen am östlichen Horizont ragen aber Hafenkräne empor und im Rücken hat man die kilometerlange Reihe der Wohnsilos aus Beton. Schönere Strände finden sich denn auch südlich der Stadt, zum Beispiel Playa de los Álamos, wobei man auch hier hinsichtlich der Uferbebauung Abstriche machen muss. Außerdem sind die kleinen Strandbuchten des östlichen Vororts Pedregalejo Playa recht hübsch, wo statt Bettenburgen Palmen, Strandbars, Eiscafés und kleine Restaurants für ein angenehmes Urlaubsambiente sorgen.

Und natürlich hat Málaga auch eine sehenswerte Altstadt, die verpasst man aber, wenn man bloß an der Küste entlangfährt. Denn sie liegt landeinwärts hinter dem großen Hafen. Mit der Alcazaba, der „Zitadelle“, kann Málaga sogar mit einer beachtlichen maurischen Festungsanlage aufwarten, die auf einem Hügel oberhalb der Altstadt liegt. Sie bietet wunderschöne Innenhöfe und Gärten sowie typische Dekorationen im maurischen Stil. Zu ihren Füßen liegt ein recht gut erhaltenes Theater aus römischer Zeit, das teilweise in den felsigen Hang hineingebaut ist. Málaga ist nämlich uralt, es wurde schon im 8. vorchristlichen Jahrhundert von den Phöniziern gegründet.

Noch höher über der Stadt liegt das Castillo de Gibralfaro, ein burgartiger Palast, der ebenfalls aus maurischer Zeit stammt und auf den Grundfesten eines antiken Kastells steht. Von hier genießt man einen schönen Rundblick über die Küste, den Hafen, die Stadt und ihre Stierkampfarena. Diese Stierkampfarena bietet 14.000 Zuschauern Platz und ist damit eine der größten von ganz Spanien.

Außerdem gibt es in der Altstadt von Málaga eine Kathedrale, in der sich bedingt durch ihre lange Bauzeit verschiedene Stilrichtungen von der Gotik bis hin zum Neoklassizismus vereinen und die über einer noch älteren Moschee errichtet wurde. Und was mich schließlich mit Málaga versöhnt, ist das Geburtshaus von Pablo Picasso. Der Meister der Klassischen Moderne ist nämlich ein waschechtes Kind der Stadt. Auch der Frauenschwarm Antonio Banderas ist ein Sohn Málagas, doch der ist zu alt für meine Tochter, sodass diese Tatsache ihre Laune nicht zu heben vermag.

Wir verlassen also Málaga mit ziemlich gemischten Gefühlen und machen uns auf den Weg entlang der Costa del Sol, die sich nach offizieller Lesart bis zum Dorf Maro 60 Kilometer östlich von Málaga erstreckt. Dort beginnt die Costa Tropical, was ja mindestens genauso einladend klingt. Sie macht ihrem Namen auch alle Ehre, denn hier gedeihen Früchte wie Avocados, Bananen, Ananas und Datteln.

Die Fahrt entlang der Küstenstraße ist wirklich eine Offenbarung. Je weiter wir nach Osten kommen, desto malerischer neigen sich die Berghänge in Richtung Küste und öffnen Ausblicke, die einem Urlaubskatalog entsprungen zu sein scheinen. Zwischen grünen Hängen fallen helle Klippen ab zum strahlenden Azur des Mittelmeers, das sich in der lichten

Ferne des Horizonts verliert. Seinen Widerschein findet es im endlosen Blau des Himmelszelts, und mitten darin erstrahlt sie, die spanische Sonne. Längs der Straße scheinen sich Millionen von Blüten mit ihrer Farbenpracht gegenseitig übertrumpfen zu wollen, und süße Aromen erfüllen die laue Luft. Ich habe das Fenster geöffnet und atme tief durch. Eben noch im kühlen Grau der nächtlichen Heimat, und jetzt Spanien, ach, wie herrlich! Ich bin schließlich doch noch im richtigen Film gelandet!

Bevor wir nordwärts in die Berge abbiegen und die Küste verlassen, suchen wir uns zunächst einen Rastplatz irgendwo in einer Bucht. Wir parken unter Palmen und gehen zum Strand, der jetzt im Mai noch ziemlich einsam ist. Nur ein kleines Restaurant hat geöffnet, es liegt direkt am Strand, Stühle und Sonnenschirme stecken im Sand. Wundervoll! Wir haben nämlich längst großen Appetit!

Kaum haben wir Platz genommen, kommt auch schon der Wirt und überreicht uns freundlich strahlend die Speisekarte. Er ist Chef, Koch und Kellner in Personalunion. In mittlerweile höchst aufgeräumter Stimmung schlagen wir die Karte auf und beginnen, sie zu studieren. Moment. Da steht ja alles auf Spanisch, und das beherrscht doch keiner von uns!

Ich frage den Wirt, ob es auch eine Version der Karte in einer anderen Sprache gebe. Englisch? Ähem, vielleicht sogar deutsch? Er runzelt die Stirn und schüttelt den Kopf. Das Problem ist, dass es nicht nur an einer derartigen Karte mangelt. Leider versteht der Mann mich auch überhaupt nicht. Er spricht nur Spanisch und kann deshalb auch nicht beim Übersetzen der Speisekarte helfen.

Aber nicht verzagen. Ich werfe noch einmal einen Blick hinein. „Vino“, das verstehe ich. Wein heißt schließlich im Italienischen genauso, und das kann ich einigermaßen. Zumindest für den Alltagsgebrauch reicht es, und wozu habe ich mich außerdem in der Schule mit Latein herumgequält? Und weil unter den Blinden der Einäugige König ist, übernehme ich die sprachliche Führung und übersetze die Speisekarte für den Rest der Familie. Zumindest versuche ich es leidlich. Warum die Kinder sich ausgerechnet für „huevos rotos" – „Pommes mit gebackenem Ei" – entscheiden, verstehe ich allerdings nicht. Genauso wenig, wie man auf eine solche Kombination überhaupt verfallen kann... Es wird sich in den nächsten Tagen zeigen, dass Huevos rotos offenbar zu den beliebtesten Spezialitäten der Region gehören. Mein kleiner Sohn verspeist so viel davon, dass ihm schließlich schlecht wird. Mit Müh und Not erreichen wir die Zimmertür unseres Hotels. Leider funktioniert die Schlüsselkarte nicht. Den Rest können Sie sich denken...

Aber zurück an den schönen Strand in der kleinen Bucht. Ich beschließe, das Sprachproblem kurzerhand zu lösen, indem ich unseren Wirt auf Italienisch anspreche. An manche Wörter kann ich ja ein „-os" anhängen, dann klingt es schon fast spanisch. Verrückt, aber die Sache funktioniert. Unser Verständigungsproblem ist gelöst.

Wohlig lehnen wir uns nach dem Essen auf unseren Stühlen zurück. Die Kids sind inzwischen dabei, das Meer hinsichtlich seiner Badequalitäten zu überprüfen, und sie scheinen mit dem Ergebnis mehr als zufrieden zu sein. Ach, es ist einfach fantastisch. Kann es eine Steigerung dieses Wohlgefühls geben?

Ja, kann es. Denn aus dem Nichts taucht unvermittelt ein Gitarrist auf und stellt sich mit seiner Klampfe neben uns in den Sand. Schon erklingt eine Flamenco-Melodie. Ich kann es nicht fassen! Ich bin im siebten Himmel gelandet, und sein Name ist Spanien!

Papas españolas – spanische Kartoffeln

Zutaten für 4 Personen:

800 g Frühkartoffeln
3 Knoblauchzehen
3 rote Paprika
1 rote Chilischote
2 El milder Essig
1 Tl gemahlener Kreuzkümmel
Olivenöl
Salz
Pfeffer

Zubereitung:

Die Kartoffeln gründlich waschen. Mit Schale 15 Minuten in Salzwasser kochen. Abgießen, abkühlen lassen und anschließend in Spalten schneiden. Die Paprika entkernen und in dünne Streifen schneiden, die Chilischote entkernen und fein hacken. In einer Pfanne reichlich Olivenöl erhitzen, alles hineingeben und goldbraun braten. Mit Salz, Pfeffer und Kreuzkümmel würzen, zum Schluss mit dem Essig beträufeln.

In kleinerer Portionierung kann man die Kartoffeln zu den Tapas servieren. Ansonsten eignen sie sich auch als Beilage zu gegrilltem Fisch oder Fleisch. Wer mag, darf sich natürlich ein Ei dazu backen.

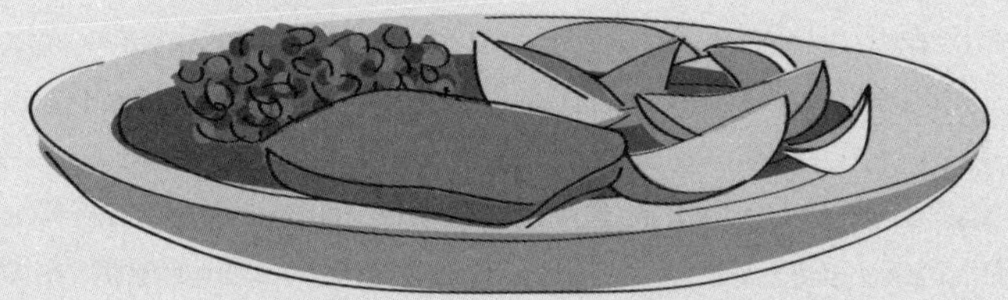

Der Seufzer des Mauren – im Märchenreich der Alhambra

Fröstelnd schloss die Königin den schweren Umhang über ihren Gewändern. Der Januartag war ungewöhnlich kalt. Dennoch schob sich die Wintersonne über die Dächer des Palasts. Goldenes Leuchten erfasste die fein ziselierten Arabesken, und allmählich, ganz behutsam, tastete sich das Strahlen weiter voran in den kleinen Hof. Schon erglänzten die sorgsam geschnittenen Sträucher in sattem Grün, die weißen Marmorplatten funkelten im Widerschein des Lichts. Und sachte, einer nach dem anderen, schienen die zwölf steinernen Löwen zum Leben zu erwachen. Aus ihren mit gebleckten Zähnen aufgerissenen Mäulern rauschte Wasser in graziösen Bögen, derweil sie sich um eine elegante Brunnenschale scharten. Luftige Arkaden mit schlanken Säulen und zierlichen Kapitellen säumten den Hof, geschmückt von filigranen Stuckaturen. Deren verwirrende Ornamentik schloss sich zu einem Gefüge von solch grandioser Schönheit, dass es der Königin schier den Atem raubte. Dieser Hof schien schwerelos, als bestünden seine Grenzen aus nichts als kostbarster Spitze. Und all diese unfassbare Pracht sollte nun für immer ihr gehören! Die Königin senkte die Lider und faltete ihre Hände zu einem stummen Dankesgebet.

Erst vor wenigen Wochen, im November 1491, war es ihren Truppen gelungen, den endgültigen Sieg über das Emirat von

Granada zu erlangen. Zähe und blutige Kämpfe waren dem vorausgegangen, und nicht nur einmal hatte sie, Isabella I. von Kastilien, sich hoch zu Ross beherzt ins Schlachtgetümmel gestürzt, um ihren Männern Mut zu machen. Zehn zermürbende Jahre währte dieser Krieg, den sie und ihr Ehemann Ferdinand II. von Aragón gegen die Muslime führten, und nun endlich war er vorüber. Seufzend verließ Isabella den Löwenhof und trat in einen der nicht minder prächtigen Innenräume. Kostbare Fayencemosaike und ein Gespinst aus Ornamenten ließen ihn leicht, ja, fast schwebend erscheinen, eine Feuerschale sorgte für wohltuende Wärme.

23 Jahre zuvor hatte sich Isabella für einen Ehemann entschieden. Sie war selbstbewusst und willensstark genug, dabei ihren eigenen Wunsch durchzusetzen, obwohl ihr Bruder, der König von Kastilien, ihr eigentlich einen Mann nach seinem Gutdünken hätte zuweisen können. Mit Bedacht erwählte sie Ferdinand zu ihrem Gemahl. Mit 17 Jahren war dieser zwar noch jung, zudem fast ein Jahr jünger als sie selbst. Doch stand ihm nicht nur die Krone des Königreichs Aragón in Aussicht, als intelligenter und zielstrebiger junger Mann schien er zudem der richtige Partner für Isabellas eigene ehrgeizige Pläne zu sein.

Ihre Entscheidung erwies sich als so klug wie vorausschauend. Denn fünf Jahre nach ihrer Hochzeit starb ihr Bruder. Nun bestieg Isabella dessen Thron und herrschte fortan gemeinsam mit Ferdinand über die Länder Kastilien und Aragón. Der Zusammenschluss dieser beiden großen Territorien legte die Grundlage für ein gesamtspanisches Königreich. Ausgestattet mit der einhergehenden Machtfülle verfolgte die tief gläubige Christin ihr erklärtes Ziel, nämlich die Iberische Halbinsel ein für alle Mal von muslimischer Herrschaft zu befreien. Dabei gingen sie und ihr Mann mit solcher Leidenschaft und

Vehemenz ans Werk, dass der Papst beiden schließlich den Ehrentitel „Katholische Könige“ verleihen sollte. Dieser Titel ist vererblich, sodass er noch heute dem spanischen König gebührt.

Al-Andalus lautete der Name des von muslimischen Kalifen beherrschten einstigen Großreichs auf der Iberischen Halbinsel. Infolge der Reconquista schrumpfte dieses Reich, das seinen Machthöhepunkt um das Jahr 1000 erlebte, immer weiter zusammen. Ab Mitte des 14. Jahrhunderts bestand schließlich nur noch das Emirat von Granada. Dank der florierenden Handelsgeschäfte mit den Regionen des Maghreb erblühte Granada während dieser Epoche zu einer der aufstrebendsten Städte Europas. 50.000 Menschen lebten hier inzwischen. In der Altstadt, dem Albaicín, gingen unzählige Handwerker ihrer Tätigkeit nach, und ihre Fähigkeiten galten auf dem gesamten Kontinent als vorbildlich. Kunst und Wissenschaft unternahmen ungeahnte Höhenflüge, für alle Kinder gab es Schulen. Die städtische Infrastruktur mit befestigten Straßen, Wasserleitungen und Krankenhäusern suchte zur damaligen Zeit ihresgleichen. Zudem existierten große Bibliotheken mit Werken zu Themenbereichen aus Philosophie, islamischer Theologie, Naturwissenschaften, Medizin und vielem mehr. Religiöse Toleranz galt als philosophisches Leitbild, ein jeder durfte seinem Bekenntnis folgen, sei dieses muslimisch, christlich oder jüdisch.

Doch in den Augen Isabellas und Ferdinands unterlag all dies einem fatalen Fehler: Mit Muhammad XII., genannt Boabdil, herrschte ein Muslim über das Emirat von Granada. Er gehörte zur Dynastie der Nariden. Verschiedene Konflikte trübten in jener Zeit das Verhältnis dieser Nasriden untereinander. Es kam schließlich zum Bürgerkrieg zwischen ihren verschiedenen Familienzweigen, eine Schwäche, die sich Isabella und Ferdinand geschickt zunutze machten. Nach jahrelangen Eroberungskämpfen erreichten die Truppen der beiden im Jahr 1491 endlich Granada und belagerten die Stadt. Ende November des gleichen Jahres kapitulierte Boabdil und unterzeichnete einen Vertrag zur kampflosen Übergabe, die schließlich am 1. Januar 1492 erfolgte und am darauffolgenden Tag durch eine offizielle Zeremonie besiegelt wurde. Isabella und Ferdinand hielten Einzug in die prachtvolle Burganlage auf dem Sabikah-Hügel über der Stadt, die Alhambra.

Die „Rote Burg“ (so lautet die Übersetzung des arabischen Namens „al-Qal'a al-hamra“), die nach außen hin mit ihren mächtigen Festungsmauern so trutzig erscheint, verbirgt in ihrem Inneren ein Meisterwerk orientalischer Baukunst, das sie in einen berückenden Märchenpalast verzaubert. Arabesken und schwungvolle arabische Schriftzüge, majestätische Symmetrie, Kuppeln und Stalaktitengewölbe, komplex gemusterte Fayencen und Fensterbögen, die sich zu kunstvoll angelegten Gärten öffnen, erschaffen ein wirklich atemberaubendes Gesamtkunstwerk von unvergleichlicher Harmonie. Kein Wunder, dass die Alhambra seit 1984 zum Weltkulturerbe zählt und heute eine der beliebtesten Touristenattraktionen Spaniens, darüber hinaus eine der meistbesuchten von ganz Europa ist.

Erstmals urkundlich erwähnt wird die Alhambra im Jahr 889, doch vermutlich existierte schon in der Antike eine Festung auf dem Sabikah-Hügel. Auch die Alhambra diente zunächst nur als Festung für die Stadt Granada, die sich aus einer Siedlung entwickelte, welche seit phönizischer Zeit bestand, womöglich sogar noch länger. Erst im 13. Jahrhundert avancierte die Alhambra zum Herrschersitz. Die Burganlage wurde ausgebaut und zu einem lebendigen Gefüge aus Palästen, Wohnhäusern, militärischen Gebäuden und Gärten erweitert. Besonders diese Gärten standen im Fokus, spiegelte sich in ihnen doch die Sehnsucht nach dem muslimischen Paradies. Hier offenbart sich die Tradition des orientalischen Gartenbaus in Vollendung. Zusammen mit den Gebäuden sind sie gekonnt in die hügelige Struktur des Sabikah eingefügt und bilden eine komplexe Struktur aus Bildern, eines davon schöner als das andere.

Als Beispiel für die durchdachte Architektur, die mit einfachen Mitteln faszinierende Effekte zu schaffen vermag, sei der Myrtenhof genannt. Niedrige Gebäude umgeben Säulengänge von schlichter Eleganz. Sie umschließen einen langgezogenen Innenhof, den einen heckengesäumtes Wasserbecken gänzlich ausfüllt. Nicht nur bildet das Grün der akkurat geschnittenen Myrtenhecke einen starken Kontrast zum Weiß der Marmorböden. Auch ist das Becken mit seiner brillantblanken Wasseroberfläche so gestaltet, dass sich der Turm in seinem Hintergrund mit völliger Symmetrie darin widerspiegelt. Wie muss dieses Bild die Besucher beeindruckt haben, die hier entlang zum königlichen Pavillon schritten, wo sie der Emir auf dem Thron empfing.

Dieser Hof gehört zu den Nasridenpalästen, die noch heute das Herz der Alhambra bilden. Teile dieser Paläste wurden im 16. Jahrhundert unter Karl V. abgerissen. Denn der Habsburger, derzeit Kaiser des Heiligen Römischen Reichs, wollte Platz für seinen eigenen Palast schaffen, den Palacio de Carlos V, der nun als Renaissanceschloss einen Bereich der Alhambra für sich beansprucht. Hinter der imposanten Fassade verbirgt sich ein kreisrunder Innenhof mit einem Durchmesser von 31 Metern, um den sich zwei Etagen mit ebenmäßigen Säulengängen erheben.

Doch der berühmteste Hof der Alhambra ist natürlich der Löwenhof mit seinem Löwenbrunnen, der schon Isabella von

Kastilien einst zum Staunen brachte. Er ist die steingewordene Manifestation eines Märchens aus 1001 Nacht.

Meine große Sehnsucht, all dies mit eigenen Augen bestaunen zu dürfen, soll nun endlich gestillt werden. Ungeduldig warten wir in der Sonnenglut vor den Toren der Burg auf unseren Einlass. Der Ansturm der Touristen ist auch jetzt im Mai schon hoch. Um die Alhambra besuchen zu können, muss man im Vorfeld Karten für einen bestimmten Zeitpunkt buchen, versäumt man das, so hat man in der Regel keine Chance. Während wir warten, scheint die Zeit zu schleichen. Wie gut, dass wir die großen Hüte auf die Reise mitgenommen haben! Denn es gibt weit und breit kein schattiges Plätzchen.

Dann endlich öffnet sich Sesam. Ehrfürchtig schweifen meine Blicke über all diese orientalische Pracht, die noch viel ergreifender ist, als ich es je zu träumen gewagt hätte. Fasziniert durchstreife ich Säle, Säulengänge und Gärten. Ich muss allerdings gestehen, dass ich mich hinterher des Eindrucks nicht erwehren konnte, die Alhambra im Wesentlichen durch mein Kameraobjektiv wahrgenommen zu haben. Denn obwohl ich auf Reisen stets mit Leidenschaft fotografiere, habe ich noch nie binnen derart kurzer Zeit eine solche Unmenge von Fotos aufgenommen. Ich habe allerdings auch noch nirgends eine solch geballte Fülle von überwältigenden Motiven angetroffen.

Und plötzlich stehen wir im Löwenhof. Sprachlos lasse ich die Kamera sinken. Ein Gebilde aus schnöden Latten umringt die Löwen, manche Säulen des Arkadengangs sind mit Holzplatten verdeckt. Der Boden ist aufgerissen, mit Folien belegt, darauf Hubwagen, Paletten und Männer in grellroten T-Shirts, mit Spachteln und Fliesenschneidern. Der Hof wird gerade renoviert, aus der Traum von 1001 Nacht!

Doch ich trage es mit Fassung. Mir bleibt der Blick nach oben, wo die feingliedrigen Ornamente vor dem Königsblau des Himmels das Märchen wieder tausendfach beleben. Ganz zu schweigen von all den vielen anderen Räumen, Höfen und Gärten dieses orientalischen Wunderlands. Und als wir schließlich im Palacio de Generalife ankommen, der etwas unterhalb am Hang liegt und einst dem Herrscher als Rückzugsort diente, legt sich ein seliges Lächeln auf mein Gesicht. Nach all der überwältigenden Schönheit nun die paradiesische Ruhe in den Gärten dieses Refugiums! Wenn sie sich auch im Lauf der Jahrhunderte leicht verändert haben, so gehören sie doch zu den ältesten maurischen Gärten, die noch heute erhalten sind. Plätscherndes Wasser, üppiges Maigrün, betörend schöne Blumen – und hier sind sie ja endlich, die Rosen! Ihr ätherischer Duft berauscht die Sinne, lichte Arkaden und tiefes Himmelsblau vereinen sich mit ihrem Blütenzauber zu einem farbensatten Gemälde. Staunend nehme ich all das in mich auf, um diesen Schatz in meiner Erinnerung für grauere Tage zu hüten. Längst ist der enttäuschte Traum vom Löwenhof vergessen, und ich bin vollständig versöhnt.

Für die maurische Bevölkerung Granadas endete die Geschichte nach der Machtübernahme durch die Katholischen Könige leider weniger versöhnlich. Zwar sah der Kapitulationsvertrag, den Isabella und Ferdinand mit dem Emir von Granada schlossen, weitgehenden Schutz für die muslimischen Bewohner der Stadt vor. Dazu zählte das Recht auf den Besitz von Eigentum, auf den Verbleib im eigenen Haus, auf Handel mit benachbarten Ländern und vor allem auf freie Religionsausübung. Auch sollten die Muslime vor Diskriminierung bewahrt werden und nicht wie ihre jüdischen Mitbürger ein entlarvendes Kennzeichen an ihrer Kleidung tragen müssten.

Nur wenige Monate nach Abschluss dieses Vertrags erließen die Katholischen Könige das Alhambra-Edikt. Demzufolge hatten sich alle Juden im Hoheitsgebiet innerhalb einer knapp bemessenen Frist zum Christentum zu bekehren, andernfalls standen ihnen die vollständige Enteignung und die gewaltsame Vertreibung bevor. Denn jüdische Bürger waren vom Schutz durch den Vertrag mit dem Emir von Granada ausgenommen.

Doch der Emir hatte den noch viel weiter reichenden christlichen Eifer und missionarischen Ehrgeiz der Sieger unterschätzt. Die Bevölkerung Granadas bekannte sich damals überwiegend zum muslimischen Glauben. Denn aller Toleranz zum Trotz hatten die Rechtsprechung nach der Scharia und die hohe Steuer, die allen Nicht-Muslimen abverlangt wurde, viele Christen zur Auswanderung bewogen. Die beträchtliche Überzahl der Muslime erschien den neuen christlichen Herrschern jedoch als ganz und gar nicht hinnehmbar.

Bemühte sich der Bischof von Granada zunächst noch, die Muslime durch Überzeugung zu bekehren, so traten bald kompromisslose Hardliner auf den Plan. Vor allem der Beichtvater Königin Isabellas setzte sich dabei durch, der Franziskaner Jiménez de Cisneros, der später zum Großinquisitor aufsteigen sollte. Er ließ auf Granadas Marktplatz einen Scheiterhaufen aufschichten und dort alle Bücher aus den muslimischen Bibliotheken der Stadt verbrennen. Darauf folgten Pogrome, bei denen etliche Muslime und noch in der Stadt verbliebene Juden ermordet wurden. Das jüdische Viertel Granadas fiel der Zerstörung anheim. Schließlich wurden die letzten Muslime zwangsweise umgesiedelt oder nach Nordafrika vertrieben. Das zog einen schmerzhaften wirtschaftlichen Aderlass nach sich. Doch ungeachtet dessen trugen genau diese konsequenten Maßnahmen gegen die Andersgläubigen Isabella und Ferdinand den Ehrentitel „Katholische Könige“ ein.

An einem kalten Wintermorgen im Januar 1492 musste der Emir Muhammad XII., genannt Boabdil, sein Granada für immer verlassen. Südlich der Stadt ritt er den Alpujarras-Pass hinauf. Auf dessen Höhe wandte er sich noch einmal um und warf einen letzten schwermutsvollen Blick auf die verlorene Rote Burg. Seufzend nahm er Abschied von all der Schönheit, von den Säulen und Arabesken, von den Gärten und von seinem geliebten Löwenhof, den die Wintersonne jetzt in kühles Licht zu tauchen begann. Seit jenem Tag trägt diese Passhöhe den Namen „El suspiro del moro" – „der Seufzer des Mauren".

Berenjenas fritas con miel – gebratene Auberginen mit Honig

Zutaten für 4 Personen:

2 Auberginen
200 g Mehl
2 Eier
100 g flüssiger Honig
150 ml Sprudelwasser
reichlich Olivenöl
Salz

Zubereitung:

Die Eier in Eiweiß und Eigelb trennen. Das Mehl mit den Eigelben und dem Mineralwasser zu einem gleichmäßigen Teig vermischen, dann 10 Minuten quellen lassen. Die Eiweiße kräftig salzen und zu sehr festem Eischnee schlagen. Anschließend unter den Teig ziehen.

Die Auberginen in knapp fingerdicke Stäbchen oder nach Wunsch in Scheiben schneiden und ringsum gut im Teig wälzen.

In einer hohen Pfanne reichlich Olivenöl erhitzen, bis sich an einem hineingehaltenen Holzlöffel Bläschen bilden. Nun sofort die Auberginen hineingeben und von allen Seiten goldbraun ausbacken. Auf Küchenkrepp kurz entfetten, dann auf Tellern anrichten und mit dem Honig beträufeln.

Dieses einfache Gericht ist arabischen Ursprungs und in ganz Andalusien, besonders aber in Granada sehr beliebt. Man kann es als vollwertige Mahlzeit, in kleinerer Portion aber auch als Tapa genießen.

Sinnesrausch und Gaumenfreude – die spanische Küche

Als wir die Alhambra schließlich verließen, war die Laune meiner Tochter endgültig im Keller gelandet. Die Besichtigung fand sie irgendwann öde, und dazu noch die sonnenglühende Bruthitze, kurzum, ihr reichte es nun. Mit langem Gesicht stapfte sie den Sabikah-Hügel hinab Richtung Altstadt, dabei geflissentlich Abstand von uns Erwachsenen haltend. Immerhin gelang es ihr und ihrem Bruder, allen fehlenden Sprachkenntnissen zum Trotz ganz selbständig ein Eishörnchen zu erwerben. Denn wo ein Wille ist, ist bekanntlich auch ein Weg.

Als wir dann aber vorschlugen, noch einen Abstecher in die Alcaicería zu unternehmen, steigerte sich ihre Unlust fast bis zum Eklat. Die Alcaicería ist ein farbenprächtiger Basar, eine Ekstase von Düften und Farben. Die nasridischen Emire erzielten ansehnliche Profite dank dieses Marktes, denn hier wurde mit Luxuswaren aus fernen Ländern gehandelt, von kostbaren Stoffen über Goldschmiedekunst und Juwelen bis hin zu Teppichen. Heute gibt es zwar in erster Linie bunten Klimbim für die Touristen, doch ihre quirlig-exotische Atmosphäre hat sich die Alcaicería bewahrt.

Aber die Alcaicería hatten wir schon am Vortag nach Besichtigung der glanzvollen Kathedrale in Augenschein gekommen. Und weil wir alle inzwischen ziemlich großen Hunger verspürten, suchten wir uns stattdessen ein Restaurant.

Um nicht mehr lange herumlaufen zu müssen, entschieden wir uns für eines an der Bib Rambla, einem Platz im Zentrum, dem Linden Schatten spenden und der von Blumenhändlern, Kiosken, Straßenkünstlern sowie Cafés und Restaurants geprägt ist. Ursprünglich fanden hier einmal Stierkämpfe, während der Spanischen Inquisition auch Verbrennungen von Ketzern statt, doch diese grauenhaften Vorstellungen blendeten wir tunlichst aus.

Weil viele Touristen an diesem Platz Einkehr halten, gab es sogar eine englischsprachige Speisekarte. Und während die Wahl der beiden Jüngsten kurzentschlossen auf Pommes mit Ei fiel, zog uns Große die Auswahl von Tapas in ihren Bann. Die Spanische Küche ist geprägt von einer überbordenden Vielfalt an Aromen und Genüssen, doch zu ihren herausragendsten Spezialitäten gehören die Tapas. Begleitet von einem Aperitif können sie ein festliches Menü einleiten, am liebsten werden sie aber einfach nur als Snack zum Wein oder zum Bier verzehrt.

Dazu bieten sich die zahlreichen Tapas-Bars und Bodegas an, die man überall in Spanien findet. Ursprünglich war die Bodega nichts als der Keller, in dem die Bauern ihre Vorräte lagerten. Da die Spanier noch bis ins 20. Jahrhundert hinein im Wesentlichen eine Gesellschaft von Selbstversorgern bildeten, gab es unzählige solcher Kellergewölbe. Neben Oliven, Käse, Würsten, Schinken und Eingemachtem lagerte hier natürlich auch der Wein. Tief in den Boden eingelassen oder in den Fels geschlagen bewahrten die Bodegas ein angenehm kühlfeuchtes Raumklima. Das wussten die Menschen besonders im heißen Sommer zu schätzen, und so traf man sich zum abendlichen Umtrunk und Snack bei Kerzenschein in der Bodega. Das feucht-fröhliche Beisammensein nach einem harten Arbeitstag konnte dann gern bis in die Puppen dauern.

Mit der Veränderung der Gesellschaft wandelte sich auch das Erscheinungsbild der Bodegas. Zunehmend entstanden immer größere Weingüter mit entsprechenden Lagerkellern. Parallel dazu wurden mehr und mehr private Bodegas aufgegeben, weil deren Besitzer nicht länger in der Landwirtschaft arbeiteten. Viele Weingüter begannen, einen von Snacks begleiteten Ausschank in ihren Bodegas anzubieten. Zudem kamen kleine Bodegas in den Städten auf, damit deren immer zahlreicher werdende Bewohner der liebgewonnenen Tradition auch weiterhin frönen konnten. Eine Bodega ist deshalb heute eine Art Kneipe. Meist ist es üblich, die kleinen Tapas als kostenlose Beilage zum Drink zu spendieren, oft genießt man beides am Tresen im Stehen.

Nicht umsonst spricht man dabei aber von Tapas, verwendet das Wort also im Plural. Denn kein Spanier würde sich auf eine einzige Sorte beschränken. Zu einer von Leidenschaft bestimmten Lebensweise gehört nun einmal auch der Genuss, und was kann es beim Essen Schöneres geben, als sich mit einer Vielfalt von Köstlichkeiten zu verwöhnen?

Doch Tapas sind mehr als nur kleine Snacks. Man kann sie auch als vollwertige Portion bestellen, dann nennt man sie Ración. Das heißt, wie man sich auch ohne Spanischkenntnisse denken kann, nichts anderes als Ration. Um das Wort „tapa“ zu übersetzen, braucht man schon etwas mehr Fantasie, denn es bedeutet Deckel. Man könnte sich Tapas also als eine Art Verschluss vorstellen, mit dem man das alkoholische Getränk im Magen abdeckt. Das nächste Glas verlang dann selbstredend auch nach den nächsten Tapas. Vielleicht beruht die Bezeichnung aber auch darauf, dass man sein Weinglas abdeckte, um den Inhalt vor lästigen Fliegen zu schützen. Dazu nahm man eine Scheibe Brot, und weil das für sich genommen recht langweilig ist, kamen eben noch ein paar Schmankerl hinzu.

Entstanden die Tapas also aus den Vorräten im Keller, die man zum Wein naschte? In Spanien kursieren viele Legenden, die sich um die Erfindung der Tapas ranken. Und keine davon begnügt sich mit dem schnöden Snack im Keller der Bauersleute. Untersucht man die Entstehung der Tapas-Tradition jedoch ganz prosaisch, so kommt man zu dem Schluss, dass sie einerseits wohl tatsächlich dem Umtrunk in der Bodega geschuldet ist, ihre ursprünglichen Wurzeln auf der anderen Seite in einer noch weiter zurückliegenden Vergangenheit ruhen. Denn in den Tapas findet auch die hochentwickelte kulinarische Kultur der Mauren ihren Widerklang. Noch heute wird die arabische Küche von ihrem Reichtum an kleinen Vorspeisen geprägt, den Mezze. Kein orientalisches Festmahl, bei dem sich nicht der Tisch unter der Vielzahl dieser Mezze biegen würde. So sind die Tapas wohl auch eine Weiterentwicklung dieser Sitte auf spanische Art. Natürlich darf im christlich geprägten Spanien dabei der Alkohol nicht fehlen, der bei strenger Auslegung des Islam ja verboten ist. Und alkoholische Getränke sind bekanntlich bekömmlicher, wenn man etwas dazu isst.

Was das nun im Speziellen sein mag, lässt sich schwerlich aufzählen. Es können im Prinzip alle herzhaften Gerichte sein, die einem Spanier so einfallen. Und das sind eine ganze Menge. Hauptsache, die Portionsgröße ist angepasst, also klein. Als einfachste Tapas serviert man Oliven, Käsestückchen sowie Scheiben von Serranoschinken und Chorizo. Der Serranoschinken ist luftgetrocknet und ausgesprochen mager, traditionell reift er in der „sierra", was nichts anderes als „Gebirge" heißt. Großen Ruhm genießt der Jamón de Trevélez, der Schinken aus dem Dorf Trevélez in der Sierra Nevada, welches zur Provinz Granada gehört.

Chorizo hingegen ist eine grobe Wurst aus Schweinefleisch, die bei kühlen Temperaturen bis zu sechs Wochen lang trocknet, ein Prozess, der früher in der Bodega stattfand. Dann ist die Wurst nicht nur fest geworden, sie hat auch ihren markanten leicht säuerlichen Geschmack erhalten. Während der Reifung findet nämlich auch ein Gärungsprozess statt. Das noch wesentlichere Merkmal der Chorizo ist aber die großzügig verwendete Paprikawürze, der die Wurst ihre typische orangerote Farbe verdankt. Außerdem kommen noch Knoblauch und Salz in die Wurst, seltener auch Kräuter wie Oregano.

Diese Tapas-Leckereien braucht man nur aus dem Kühlschrank zu nehmen und mundgerecht auf kleinen Tellern anzurichten. Aber wer gibt sich schon damit zufrieden? Deshalb füllt sich ein typischer Tapas-Tisch mit kleinen Portionen der verschiedensten Gerichte. Da gibt es beispielsweise Tortillas, das sind dicke, in Stücke geschnittene Omeletts aus Eiern, Kartoffeln und Zwiebeln. Unter „patatas alioli" versteht man einen Kartoffelsalat, der mit Aioli angemacht ist. Das wiederum ist die typische Creme aus Olivenöl, Salz und sehr viel Knoblauch, die mit Zitronensaft abgeschmeckt wird. Ihr Rezept ist schon mindestens 1.000 Jahre alt, oft wird noch Eigelb oder Milch hinzugegeben, weil die Creme bei der Zubereitung sonst leicht gerinnen könnte. Deshalb stellt man sich unter „Aioli" auch landläufig eine Knoblauchmayonnaise vor.

„Patatas bravas" sind frittierte Kartoffeln mit roter, scharfer Sauce, und „patatas fritas" Chips oder Pommes frites. Aber natürlich gibt es nicht nur Häppchen aus Kartoffeln, sondern aus allen möglichen Gemüsesorten. Wiederum andere werden mit Sardellen, kleinen Tintenfischen, Miesmuscheln, Schnecken, Kutteln oder anderen Innereien zubereitet. Es gibt Fleischbällchen, die „albóndigas", und „buñuelos de bacalao" sind Bällchen aus Stockfisch. Unter „empanadas" versteht man gefüllte Teigtaschen aus dem Ofen, wobei die Füllung der Fantasie des Bäckers überlassen bleibt und aus allem Erdenklichen bestehen kann. Man isst sie nicht nur als Tapas, sondern auch unterwegs als praktischen Imbiss. So sollen Empanadas auch schon im 10. Jahrhundert den Pilgern auf dem Jakobsweg als Proviant gedient haben.

Doch zurück an den Tapas-Tisch. Hierauf könnte es noch „croquetas de jamón" geben, Kroketten mit Schinkenfüllung und würziger Salsa. Dazu mit Speck ummantelte Datteln oder Pflaumen, eingelegte Paprika, geröstete und gesalzene Mandeln oder marinierte Spießchen. Außerdem „roscos", das sind an Bagel erinnernde Brotkringel, und Weißbrotscheiben, belegt mit Tomaten, Käse oder Morcilla, der spanischen Blutwurst.

Aber natürlich besteht das spanische Essen nicht nur aus Tapas. Als Nächstes kommt mir die Paella in den Sinn, diese große Reispfanne, die ihren Ursprung in Valencia hat und in zahlreichen Variationen zubereitet wird. Der Reis ist mit Safran gewürzt und erhält dadurch eine leuchtend gelbe Farbe. Hinzu kommen Gemüse, meist Tomaten sowie grüne und weiße Bohnen, dazu helles Fleisch oder Meeresfrüchte. Das Ganze wird in Olivenöl gebraten, danach mit Brühe abgelöscht und vorm Verzehr mit Zitronensaft gewürzt. Traditionell bereitete man die Paella über offenem Feuer als Mahlzeit für die gesamte Familie zu. Und weil Paella so gut ins Spanien-Klischee passt, haben wir Erwachsenen sie auch gleich zum Hauptgang bestellt. Der Kellner bringt eine riesige Pfanne, garniert mit Zitronenschnitzen, die er uns stolz präsentiert. Großartig!

Natürlich kann die spanische Küche noch mit einer riesigen Vielfalt von weiteren Speisen aufwarten. Das Spektrum reicht von nahrhaften Eintöpfen, Suppen, Salaten und allerhand Würzsaucen über Gemüse-, Fleisch- und Fischgerichte bis hin zu verführerischen Desserts wie Flan, Milchreis, Natillas (vergleichbar der englischen Creme) oder Crema Catalana, der spanischen Antwort auf die französische Crème brûlée. Zum Kaffee nascht man schließlich das Mandelgebäck „almendrados", das hauchdünne und knusprige Gebäck „tortas de aceite" oder „cabell d'àngel", eine klebrige, sirupartige Masse aus karamellisierten Kürbisfasern, mit der Kuchen und Torten gefüllt werden. Man kann aber auch Puddings und Marmeladen damit zubereiten.

Der Kaffee wiederum ist ein Thema für sich, er genießt einen hohen Stellenwert und es gibt die einfallsreichsten Mixturen, in denen neben Milch und Zucker auch Hochprozentiges eine Rolle spielt. „Café solo" kommt als Espresso daher, „café cortado" enthält noch einen Schuss Milch und „café americano" ist nichts anderes als Filterkaffee. Auf den Kanarischen Inseln ist „barraquito" sehr beliebt, das ist eine Espressokreation mit Kondensmilch, Likör, Zitronenschale, Milchschaum und Zimt.

Und was trinkt man sonst noch? Natürlich Sangría, den Sommerdrink aus Rotwein, Früchten und Eiswürfeln. „Horchata" ist ein Erfrischungsgetränk aus zerstampften oder gemahlenen Mandeln, es können aber auch Reis, Mais, Melonen- oder Kürbiskerne verwendet werden. Die Spanische Variante des Champagners heißt Cava, die meisten Sorten stammen aus Katalonien und sind entweder weiß oder rosé.

Der berühmteste Wein ist der Rioja, dessen Anbaugebiet im Norden Spaniens in den Regionen der autonomen Gemeinschaften La Rioja, Baskenland und Navarra liegt. Guter Rioja ist trocken, von samtig dunkelroter Farbe und schmeckt sowohl kräftig als auch fruchtig. Man keltert ihn aus Tempranillo-Trauben, der meistverbreiteten Rebsorte Spaniens. Er begleitet das Mittag- sowie das Abendessen, zu beiden Gelegenheiten gibt es üblicherweise warme Speisen. Gegessen wird später, als wir Nordländer dies gewohnt sind, mittags erst gegen 14 Uhr, abends nicht vor 21 Uhr. Man darf dabei nicht vergessen, dass es tagsüber zumindest im Sommer sehr heiß ist, da wartet man für üppiges Essen lieber die kühleren Abendstunden ab. Die Mahlzeit wird dann gerne zur „sobremesa" ausgedehnt, das heißt eigentlich „Tischdecke" und bedeutet die lange, gesellige Gesprächsrunde nach dem Essen.

Und von den Anstrengungen des Mittagsessens in der Hitze des Tages erholt man sich bei der traditionellen spanischen Siesta, dem Mittagsschlaf, der gut und gerne zwei Stunden dauern darf. Denn während der Nachmittagsstunden ist es einfach zu heiß zum Arbeiten. Und weil man abends nach der ausgiebigen Sobremesa erst spät ins Bett kommt, fehlen ohnehin noch ein paar Stündchen Schlaf. Anderntags muss man nämlich wieder früh aus den Federn, um die kühlen Morgenstunden gebührend ausnutzen zu können. Klimaanlagen in Verbindung mit den Geschäftszeiten der modernen Arbeitswelt drängen den althergebrachten Tagesablauf allerdings mehr und mehr in den Hintergrund, wobei die Siesta oft auf der Strecke bleibt.

Noch ein abschließendes Wort zum Frühstück: Wie die meisten Südländer legen auch die Spanier keinen Wert auf eine ausgiebige Morgenmahlzeit. Man ist ja schließlich noch satt vom späten Abendessen. Da reicht ein Tässchen Kaffee mit etwas Gebäck, und viele nehmen das auf dem Weg zur Arbeit rasch in einem Café zu sich.

Nichtsdestotrotz entpuppte sich das Frühstück in unserem Hotel in Granada als wahre Offenbarung. Da gab es nämlich keinesfalls das übliche langweilige Buffet mit Brötchen und Marmelade für die Deutschen, Croissants und Baguette für die Franzosen oder Speck, Spiegelei und Baked Beans für die Briten. Nein, stattdessen überraschte uns eine unglaubliche

Fülle an für die Tageszeit ganz ungewohnten Genüssen, von Röstbrot mit Olivenöl oder Tomatenpüree über Tortillas und Fleischbällchen in Tomatensauce, kleine Magdalena-Muffins, Blätterteiggebäck und Kuchen bis hin zu geleeartigen Fruchtwürfeln. Und natürlich gab es Churros, die allgegenwärtigen länglichen Krapfen, in Öl frittiert und am liebsten mit dickflüssiger Schokolade genossen. Nicht gerade kalorienarm. Doch wer reist auch schon nach Spanien, um dort Diät zu halten?

Magdalenas con chorizo y queso manchego – Magdalenas mit Chorizo und Manchego

Zutaten für 12 Stück:

250 g Mehl
200 g Joghurt
100 g Chorizo
100 g Manchego (spanischer Schafskäse, falls nicht erhältlich, alternativ Pecorino o. ä. verwenden)
70 g Walnüsse
50 g getrocknete Tomaten
50 ml Olivenöl
3 Tl Backpulver
1 Ei
1 Tl Salz
1 Tl brauner Zucker
Olivenöl für das Muffinblech

Zubereitung:

Den Käse grob reiben, Tomaten und Walnüsse hacken, die Chorizo klein würfeln. Das Mehl mit Backpulver, Zucker und Salz vermischen. Joghurt, Ei und Olivenöl in einer Schüssel zu einer gleichmäßigen Masse verrühren, dann Tomaten, Chorizo, Walnüsse und Käse unterheben. Die Mehlmischung mit einem Holzlöffel unterrühren, bis ein glatter Teig entstanden ist.

Die Muffinmulden des Blechs mit Olivenöl einfetten und je einen Klecks des Teigs hineingeben. Den Backofen auf 180°C vorheizen und die Magdalenas 20–25 Minuten backen, bis sie goldbraun sind.

Die Magdalenas schmecken warm zum Frühstück, besonders lecker sind sie mit Butter bestrichen. Abgekühlt eignen sie sich auch als Proviant für unterwegs.

Chocolate con churros – Churros mit Schokoladensauce

Zutaten für 4 Personen:

200 g Mehl
200 g Bitterschokolade (Kakaogehalt 70 %)
150 ml Sahne
50 g Butter
2 Eier
4 El Zucker
1 Tl Salz
1 Tl fein abgeriebene Schale einer unbehandelten Orange
1 Tl Zimt
1 ½ l neutrales Pflanzenöl zum Frittieren

Zubereitung:

In einem Topf 350 ml Wasser aufkochen. 1 El Zucker, das Salz, die Butter sowie das Mehl hinzugeben und kräftig rühren, bis der Teig einen Klumpen bildet, der sich vom Topfboden löst. Vom Herd nehmen und die Eier mit dem Mixer unterarbeiten. Dabei die Knethaken verwenden, denn der Teig ist zäh.

Die Schokolade in Stücke brechen und zusammen mit der Sahne und der Orangenschale im Wasserbad zum Schmelzen bringen, dabei alles gut miteinander vermengen. Den restlichen Zucker mit dem Zimt vermischen und beiseitestellen.

Das Öl in einem Topf erhitzen, bis an einem hineingehaltenen Holzlöffel Bläschen aufsteigen (oder in der Fritteuse, bis 180°C erreicht sind). Den Teig in einen stabilen Spritzbeutel mit großer Sterntülle füllen und in ca. 10 Zentimeter langen Streifen ins Öl gleiten lassen. Aber Vorsicht, das kann spritzen! Wer sich nicht traut, spritzt den Teig vorab in Schlaufen auf Backpapier und lässt ihn davon vorsichtig ins Öl gleiten. Ca. 4 Minuten backen, bis die Churros ringsum goldbraun sind, mit dem Schaumlöffel herausnehmen und auf Küchenkrepp abtropfen lassen. Dann sofort mit dem

Zimtzucker bestreuen und mit der heißen Schokoladensauce servieren. Zum Verzehr dippt man die Churros in die Sauce.

Die Churrería, eine Art Café, ist auf diese Leckerei spezialisiert. Churrerías öffnen meist schon um 5 oder 6 Uhr früh, damit man auf dem Weg zur Arbeit oder zur Schule auf die Schnelle dort einkehren kann. Oft sind sie mit Marmortheke und -tischen ausgestattet und bieten Chocolate con churros auch als Take-away an. Straßenstände verkaufen manchmal Churros, die praktischerweise gleich mit Schokolade gefüllt sind. Aber natürlich kann man Churros auch pur essen, oft werden sie statt in Schokolade in Kaffee gedippt.

Ein Wirbel aus Farben und Leidenschaft – Flamenco

Mitten im Autoverkehr von Granada: zwei Reiter, ein Mann und ein Junge. Sie tragen weiße Hemden und knappe Westen, um die Taille haben beide eine knallrote Schärpe geschlungen. Das Outfit vervollständigt der schwarze Sombrero Cordobés, dieser andalusische Hut aus Wollfilz. Das Wort „Sombrero" kommt von „sombra", was „Schatten" heißt, und mit der breiten, geraden Krempe erfüllt solch ein Hut mit Sicherheit seinen schattenspendenden Zweck.

Die beiden Reiter sitzen auf andalusischen Schimmeln, den noblen Pferden mit auffallend langem Mähnen- und Schweifhaar sowie hocheleganter Attitüde. Ihr Erscheinungsbild prädestiniert sie für die Hohe Schule der Reitkunst. Ross und Reiter bieten einen Anblick, der das Herz höherschlagen lässt. Schon wieder ein Spanien-Klischee, und doch völlig außergewöhnlich, weil es uns in so profaner Umgebung wie dem Alltagsverkehr von Granada begegnet.

Weniger überraschend sind die allgegenwärtigen grellfarbenen Flamenco-Kleider vor den Souvenirbuden, die es in allen Größen zu kaufen gibt. Selbst ein Baby lässt sich schon damit ausstatten. Sie sind eng auf Taille geschnitten, oft in kontrastierenden Farben gepunktet und enden an Ärmeln und Röcken in voluminösen Volants. Die Reiter in ihrer andalusischen Tracht, die stolzen Pferde, die Kostüme in den Läden:

All das weckt in mir den Wunsch, unseren Besuch in Granada mit einer waschechten Flamenco-Show zu krönen.

Aber was heißt schon Flamenco-Show? Mein Mann und ich haben einmal hoffnungsvoll eine solche auf einem Kreuzfahrtschiff besucht. Nach fünf Minuten sind wir wieder gegangen, völlig frustriert. Denn die Darbietung beschränkte sich im Wesentlichen auf Imponiergehabe, provozierende Gesten und gestelzte Hampelei, die sich allenfalls mit dem deutschen Fernsehballett der Siebzigerjahre vergleichen ließ. So sind denn auch viele Flamenco-Aufführungen, die zur Unterhaltung der Touristen veranstaltet werden, mehr oder weniger auf Effekthascherei beschränkt. Feurige Farben, rauschende Rüschen, Blume und Kamm im hochgesteckten Haar, dazu fransige Schals, klappernde Armreifen und übergroße Ohrringe. Mitunter laufen die Kleider sogar in einer Schleppe aus, deren Volants über den Boden schleifen und die eindrucksvolle Wirkung noch verstärken. Und natürlich dürfen Fächer und Kastagnetten nicht fehlen. Allein diese Accessoires suggerieren die Authentizität von Tradition und Folklore.

Tatsächlich basiert die Flamenco-Tracht auf der andalusischen Festkleidung, die zwar regionalen Unterschieden unterliegt, aber im Wesentlichen von Gemeinsamkeiten geprägt ist. Dazu gehören der körperbetonte Schnitt des Kleides genauso wie die Volants und die leuchtenden Farben, die das sogenannte „Maja-Kleid" charakterisieren. Diese Kreation geht auf eine Weiterentwicklung der bäuerlichen Volkstracht durch Ideen von Gitanas zurück, so nennt man die spanischen Roma-Frauen. Im Lauf des 19. Jahrhunderts übernahmen die Gitanas den Stil der Bauersfrauen, nicht ohne die Kleider dabei nach ihren eigenen Vorstellungen aufzupeppen. Um die vorletzte Jahrhundertwende begannen schließlich auch Frauen aus anderen Gesellschaftsschichten Spaniens, sich derartige

Kleider nähen zu lassen. Marktfrauen in Maja-Kleidern hatten diese Begehrlichkeit in ihnen geweckt.

Bei den Männern geht es etwas schlichter zu. Sie tragen die Tracht der andalusischen Bauern und Viehzüchter: schwarze, graue oder dunkelblaue Anzüge, eng und mit kurzgeschnittener Jacke, manchmal auch einer Weste. Dazu weißes Hemd und Sombrero Cordobés. Seit 1929 gelten diese beiden Kombinationen für Frauen und Männer als offizielle Festkleidung der Feria de Abril von Sevilla, die die Stadt alljährlich in einen ausschweifenden Kostümrausch taucht. Die Details der Kleidung unterliegen dabei einem präzisen Dress-Code.

Natürlich gehören die Kostüme auch zum Flamenco-Flair wie der Duft zur Rose. Nur bin ich aber ein Kind des letzten Jahrhunderts. Das Fernsehballett und gestelzter Pseudo-Flamenco konnten mich schon damals nicht vom Hocker reißen. Genauso wenig wie die in den Siebzigerjahren populären Gemälde vollbusiger Zigeunerinnen, die in den Stuben der Spießbürger hingen. Spöttisch bezeichnete man sie auch als „Kaufhaus-Carmen".

Welch eine Offenbarung, als 1983 der Film „Carmen" von Carlos Saura in die Kinos kam! 40 Wochen lang lief der Streifen in Kölner Arthouse-Kinos, und ich weiß nicht, wie oft ich ihn gesehen habe. Zugegebenermaßen bin ich Opern-Fan und kann mich deshalb auch dem Charme der Oper „Carmen" nicht entziehen. Wenngleich ihr Schöpfer, Gorges Bizet, Franzose ist und Prosper Mérimée, ein weiterer Franzose, die ihr zugrundeliegende Novelle schuf, so spielt sie doch in Sevilla und ist so etwas wie die Kumulation des sprichwörtlichen Spanien-Feelings. Die Oper vereint all das, was auch der Flamenco zum Ausdruck bringt: Stolz, Selbstbewusstsein, eine gewisse Arroganz und unbedingten Freiheitswillen. Darüber hinaus thematisiert sie aber auch die fordernde und selbstbestimmte

Sexualität der Frau. Und das ist eine Angelegenheit, die zur Entstehungszeit der Oper noch als völlig indiskutables Tabu galt. Entsprechend fiel „Carmen" bei der Uraufführung 1875 durch, der große Erfolg stellte sich erst später ein.

Es kam allerdings nicht von ungefähr, dass sich ausgerechnet die Franzosen dieser spanischen Geschichte annahmen. Denn der Flamenco, wie wir ihn heute kennen, entwickelte sich nach dem Unabhängigkeitskrieg, den die Spanier zu Beginn des 19. Jahrhunderts gegen die napoleonischen Truppen führten. Dem kultivierten und von gezierten Normen bestimmten Franzosentum setzten die Spanier einen Archetypus entgegen, der urwüchsige Individualität und unzähmbaren Stolz in sich vereint. Das idealisierte Vorbild dafür fanden sie in den Gitanos, den spanischen Roma. So entwickelte sich der Majismo, eine von Selbstgewissheit und herausforderndem Auftreten geprägte Lebensphilosophie, die sich in exzentrischer Kleidung weithin sichtbar manifestiert. Ihren stilisierten Ausdruck findet sie im Flamenco-Tanz. Als souveräne Individuen umgarnen sich dabei Majo und Maja – deshalb auch der Name des Kleides der Flamencotänzerin.

Die Thematik der Oper „Carmen" vermischt Carlos Saura in seinem gleichnamigen Film mit der hohen Kunst des Flamenco-Tanzes und der zugehörigen Musik. Der 1932 geborene Regisseur stammt aus Aragón, der autonomen Gemeinschaft im Nordosten von Spanien. Er pflegte eine enge Freundschaft mit dem 1983 verstorbenen Luis Buñuel, dem spanischstämmigen Regisseur, der den Surrealismus in die Filmkunst einbrachte. Buñuels Einfluss sollte auch Sauras Werke prägen, darüber hinaus standen die Kritik am Franco-Regime und die unverblümte Konfrontation der spanischen Gesellschaft mit ihren Schwachpunkten auf Sauras Agenda. In seinen Filmen mischen sich Mystik und Realismus, und so ist auch „Carmen" eine dokumentarisch wirkende Erzählung, deren Grenzen sich mit Oper und Flamenco-Tanz auf einer Metaebene verwischen.

Dass dabei ein wirkliches Meisterwerk entstand, ist auch den Mitwirkenden zu verdanken. Da ist zum einen Paco de Lucía, der aus dem Süden Andalusiens stammende Großmeister der Flamenco-Gitarre. Wie kein anderer verstand es Paco de Lucía, seinem Instrument glasklare und scheinbar völlig mühelos perlende Klänge zu entlocken. Sowohl stilistisch als auch technisch erreichte er damit eine nie zuvor gekannte Perfektion. Ich hatte das Glück, ihn einmal live erleben zu können, die Gefühlswallungen, die er mit seinen komplexen Tongefügen zu erzeugen vermochte, empfand ich als geradezu elektrisierend. Dieser Mann war ein Flamenco-Genie ohnegleichen. 2014 starb er im Alter von 66 Jahren.

Auch die Tanzrollen besetzte Carlos Saura mit der Crème der spanischen Flamenco-Szene. Das waren insbesondere Cristina Hoyes aus Sevilla, der seit 2006 ein Flamenco-Museum in der Stadt gewidmet ist, außerdem die damals erst 22-jährige Laura del Sol aus Barcelona, die ihre tänzerische und schauspielerische Kunst mit dunklen, tiefgründigen Blicken zu durchweben wusste, und Antonio Gades aus der Stadt Elda bei Alicante, von dem es heißt, er habe den Flamenco von seinen folkloristischen Elementen entstaubt und zum Theaterballett erhoben.

Deshalb hat auch der Flamenco im Film „Carmen“ mit drittklassigen Flamenco-Shows so gar nichts gemein. Von diesen Eindrücken vorgeprägt, wollte ich keinesfalls einen Flamenco erleben, der auf biedere Weise eingehegt und ideenlos daherkommt. Vielmehr suchte ich den wilden und ungezügelten Tanz. Ich machte mich im Internet schlau und fand ein Restaurant im Albaicín, das genau eine solche Darbietung in Aussicht stellte. Also nichts wie hin!

Die Bühne zwischen den wenigen Tischen ist sehr klein. Drei Männer und eine Frau bilden die Flamenco-Gruppe. Es gibt keinen Schnickschnack und keine aufwendigen Accessoires, die Männer tragen schwarze Hemden und Hosen. Der Tänzer lässt es sich jedoch nicht nehmen, mit seinen roten Stiefeletten einen Akzent zu setzen. Dazu passend das rote Maja-Kleid der Tänzerin, das abgesehen von Volants und um die Hüfte geschlungenem Fransentuch recht schlicht ausfällt. Einer spielt die Flamenco-Gitarre, für Rhythmus sorgen klatschende Hände und eine einfache Holzkiste, auf der getrommelt wird. Hinzu kommt der typische Flamenco-Gesang, dem man die arabischen Einflüsse noch deutlich anhört. Sein charakteristisches Merkmal ist das Melisma, so nennt man die Dehnung einer einzelnen Wortsilbe über eine längere Folge von Tönen. Auch die Kastagnetten sind übrigens orientalischen Ursprungs. Ihr Name stammt vom arabischen „kas", was „Klapper" bedeutet, und man kannte sie schon im alten Mesopotamien. Bei Flamenco-Puristen sind sie verpönt, weil sie die ausdrucksstarken Handdrehungen der Tanzenden beeinträchtigen. Deshalb fehlen Kastagnetten auch bei unserer Flamenco-Darbietung.

Doch was die Vier da mit ihren simplen Mitteln zusammenzaubern, ist phänomenal. Die roten Stiefeletten des Tänzers wirbeln beim Zapateado, dem Klappern und Stampfen mit den Schuhsohlen, so schnell, dass das Auge den Bewegungen gar nicht folgen kann. Flamenco erfordert exzessiven Körpereinsatz. Füße, Beine, Hüften und Oberkörper, Arme, Hände, Kopfhaltung und Gesichtsausdruck führen ein Eigenleben, das sich zu einer grandiosen Gesamtchoreografie vereint. Der Tanz hat vielgestaltige Formelemente, aus langsamen, verhaltenen Passagen wechselt er abrupt in ein Tempo von wirbelndem Aberwitz. Beim männlichen Tänzer sind die Bewegungen oft zackig, bei der Tänzerin hingegen rund und fließend. Das hält sie aber keineswegs davon ab, ihren Volantrock zu raffen und die Füße aufs Parkett prasseln zu lassen. Triumphierend strahlt sie, während ihr Tanz in einem rasanten Stakkato gipfelt. Doch ihr Blick ist nach innen gerichtet, bei aller Vehemenz ruht sie doch stets in sich.

Die Ursprünge des Flamenco sind in Andalusien zu verorten. Musik und Tanz haben sich hier über Jahrtausende entwickelt. Tänzerinnen aus der Region betörten schon die Römer der Antike mit sinnlichem Hüftschwung und klappernden Kastagnetten. In maurischer Zeit kamen orientalische Musik- und Tanzelemente hinzu. Vollendung erfuhr der Flamenco dann durch die Gitanos, die im 15. Jahrhundert nach Spanien kamen. Während des Unabhängigkeitskriegs zu Beginn des 19. Jahrhunderts mischte sich all dies mit Einflüssen aus dem Norden des Landes. Herausgekommen ist ein facettenreiches Gesamtkunstwerk mit den verschiedensten Ausdrucksformen, das heute wie wohl kaum etwas anderes das spezifisch Spanische symbolisiert.

Das Wort „Flamenco“ hat mehrere Bedeutungen, aus denen sich die unterschiedlichsten Rückschlüsse ziehen lassen. Es kann sowohl einen Andalusier mit Gitano-Wurzeln bezeichnen als auch einen Flamen. „Flamenco“ heißt aber auch „Flamingo“, und die damit verbundenen Assoziationen finde ich besonders passend. Seit 2010 zählt der Flamenco zum Immateriellen Kulturerbe der UNESCO.

Nach Ende der Vorstellung fühle ich mich wie berauscht. Als ich hinaus in den Garten des Restaurants gehe, sitzt dort die Tänzerin auf einer Stufe. Sie ist völlig erschöpft, was nun wirklich kein Wunder ist. Ich kann es mir nicht verkneifen, sie anzusprechen und ihre Performance in den höchsten Tönen zu loben. Sie lächelt dankbar. „Flamenco ist mein Leben“, sagt sie.

„Man muss mit ganzem Herzen dabei sein, dann verwandeln sich alle Mühen in ein Geschenk.“ Sie hat schon als Kind damit angefangen, täglich trainiert sie mehrere Stunden lang. Und das Ergebnis kann sich sehen lassen.

Später, als wir noch beschwingt vom Flamenco auf dem Rückweg zu unserem Hotel sind, kommen wir am Mirador de San Nicolas vorbei. Das ist ein kleiner Platz auf dem Hügel, der dem Sabikah gegenüberliegt. Der Anblick der beleuchteten Alhambra mit den Bergen der Sierra Nevada im Hintergrund ist umwerfend. Das i-Tüpfelchen ist für mich jedoch der Gitarrenspieler mit lächerlich großem Sombrero, der sich mitten auf dem Platz aufgebaut hat und populäre spanische Schlager zum Besten gibt. Eine Gruppe junger Leute hat sich hinter ihm zusammengefunden. Die Arme gegenseitig um die Schultern gelegt, wiegen sie sich selig strahlend im Rhythmus und trällern jeweils die Refrains mit. Ein fröhliches Fiesta-Feeling liegt über dem Mirador de San Nicolas. Und wieder einmal fühle ich mich wie auf Wolke sieben. Da ist sie, die spanische Nacht!

Remojón – ein andalusischer Salat

Zutaten für 4 Personen:

200 g Stockfisch (Bacalao, alternativ: 400 g frischer Kabeljau)
6 Orangen
100 g schwarze Oliven (entkernt, in Ringen)
4 hart gekochte Eier
2 Knoblauchzehen
1 kl. Zwiebel
80 ml Olivenöl
Salz
Pfeffer

Zubereitung:

Den Stockfisch 5 Tage lang im Kühlschrank in Wasser einweichen, dabei täglich das Wasser wechseln. Dann abtropfen und trocken tupfen (diese Prozedur ist bei Verwendung von frischem Kabeljau natürlich überflüssig. Traditionell bereitet man das Gericht allerdings mit Bacalao zu). Etwas Olivenöl in einer Pfanne erhitzen und den Fisch bei mittlerer Hitze von jeder Seite etwa 5 Minuten lang braten, anschließend mit der Gabel in mundgerechte Stücke teilen und ganz abkühlen lassen.

Zwiebeln und Knoblauch schälen und fein würfeln. Die Orangen schälen, dabei möglichst viel der weißen Haut entfernen, anschließend in runde Scheiben schneiden. Die Eier pellen und vierteln.

Die Orangenscheiben auf Tellern anrichten, darauf zunächst Zwiebeln und Knoblauch verteilen, dann die Fischstücke, die Oliven und zuletzt die Eier. Das Olivenöl mit Salz und Pfeffer vermischen und über den Salat träufeln. Mit Weißbrot servieren.

Stockfisch – in Spanien Bacalao genannt – ist getrockneter Kabeljau, der im hohen Norden Europas gefangen wurde.

Er erfreute sich seit dem Mittelalter als Fastenspeise großer Beliebtheit. Dank seiner langen Haltbarkeit wurde er in Seefahrernationen wie Spanien zusätzlich populär, bot er sich doch als idealer Proviant auf Schiffsreisen an.

Remojón ist ein typisches Winteressen. Denn dann sind die Orangen reif, die Oliven sind geerntet, eingelegt und nach ca. 4 Wochen bereit zum Verzehr. Und der Stockfisch ist ohnehin verfügbar.

Narziss und Nelkenstrauß – ein Besuch auf der Feria de Abril de Sevilla

Sevilla im April. Strahlend kommt mir eine Frau entgegen. Lebensfreude umhüllt sie wie eine funkelnde Aura. Sie trägt Jeans und ein schlichtes weißes T-Shirt, in den Armen hält sie ein voluminöses Bund feuerroter Nelken. Ihr Gang ist wiegend, frivol zwinkert sie mir zu, doch sie verlangsamt ihre Schritte nicht. Zielgerichtet folgt sie ihrem Weg, wie ein duftiger Hauch zieht sie vorbei. Schon ist sie fort und mein Blick fällt wieder auf das farbentrunkene Getümmel, von dem der Real de la Feria beherrscht wird, das große Gelände im Viertel Los Remedios westlich des Flusses Guadalquivir.

Überall sind Zelte und Buden aufgebaut, dazwischen flanieren Menschen in andalusischer Tracht. Aufwendige Maja-Kleider, Frauen mit übergroßen Blumen im Haar und elegant gekleidete Träger von Sombrero-Cordobés-Hüten, wohin man auch blickt. Hoheitsvoll lächelnd thronen manche von ihnen auf den Polstern reich geschmückter Kutschen, mit geschwellter Brust defilieren Reiter und Reiterinnen auf herausgeputzten Andalusiern vorbei. Hier heißt es, Eindruck zu schinden, sich darzustellen und dabei aufzufallen. Unverblümten Spaß daran zu haben, seine eigene Persönlichkeit exzessiv zum Ausdruck zu bringen. Das ist der Kern der Feria de Abril de Sevilla, der Sevilla-Messe, und hier ist es fast schon peinlich, in gewöhnlichen Alltagsklamotten unterwegs zu sein. Da ist ein ausladender Nelkenstrauß wohl das Allermindeste.

Die Feria ist das größte Fest von ganz Spanien. Sie taucht Sevilla alljährlich zwei Wochen nach Ostern in einen einzigen ekstatischen Taumel. Aber sie ist auch ein großartiges Beispiel dafür, wie sich aus der Not eine Tugend machen lässt. Denn alles begann mit einem wirtschaftlichen Desaster.

Eigentlich denke ich ja zuallererst an den viel besungenen Barbier, wenn der Name der Stadt Sevilla fällt. Die komische Oper von Gioachino Rossini griff ein Motiv auf, das zuvor schon Mozart in seiner „Hochzeit des Figaro" in Szene gesetzt hatte. Die beiden Opern zugrundeliegende Komödie wurde 1784 uraufgeführt. Sie thematisiert die Überheblichkeit des Adels und die Skrupellosigkeit, mit der man sich in privilegierten Gesellschaftsschichten über Gesetz und Moral hinwegsetzt. Diese Missstände offen auszusprechen, stellte damals eine Ungeheuerlichkeit dar. Und doch spiegelte sich in der Komödie die zunehmende Unruhe, die in der Gesellschaft angesichts der Ungerechtigkeiten schwelte und die in der Französischen Revolution und den ihr folgenden Volksaufständen ihr Ventil finden sollte. Doch was hat all das ausgerechnet mit Sevilla zu tun?

Sevilla stellte ab dem 16. Jahrhundert so etwas wie das europäische Zentrum von Luxus und Eleganz dar. Hier florierte der spanische Seehandel, denn Sevilla bildete seinen Hauptumschlagsplatz. Amerigo Vespucci und Ferdinand Magellan brachen von hier aus zu ihren Entdeckungsreisen auf. Die Schätze aus Übersee und vor allem aus dem neu entdeckten Amerika flossen zunächst in die Stadt. Über den Fluss Guadalquivir kamen die voll beladenen Galeonen vom Atlantik bis in den Binnenhafen von Sevilla, damals einer der bedeutendsten des ganzen Kontinents. Als ständiger Begleiter reiste der Reichtum auf den Schiffen mit, und nirgends sprudelte der Profit so ausufernd wie in Sevilla. Die Stadt schmückte sich mit prachtvollen Bauwerken, nichts galt als zu kostspielig oder zu exaltiert.

Hielt er sich in der Stadt auf, residierte der König im Alcázar, dem alten maurischen Palast von Sevilla. Die Adeligen wollten dem in nichts nachstehen, so entstand zum Beispiel schon im frühen 16. Jahrhundert der Stadtpalast Casa del Pilatos. In ihm verschmilzt der damals moderne Renaissance-Stil mit architektonischen und dekorativen Elementen maurischer Baukunst. Handelsgeschäfte wurden in der imposanten Börse abgewickelt, in der sich heute das Zentralarchiv der kolonialen Dokumente befindet.

Eine fünfschiffige Kathedrale ersetzte die frühere Hauptmoschee, von der nur noch die Giralda zeugt, eines ihrer Minarette, das kurzerhand zum Glockenturm umfunktioniert wurde. Und natürlich tat es keinesfalls einfach irgendeine Kathedrale. Nein, man gönnte sich das größte gotische Gotteshaus von ganz Spanien, das noch heute zu den größten Kirchen der Welt gehört. In ihr befindet sich der Sarkophag des Christoph Kolumbus, dem die Stadt den Beginn ihres enormen Aufschwungs ja schließlich verdankte. Doch auch Gemälde von Meistern wie Bartolomé Esteban Murillo, Francisco de Goya, Pedro de Campaña und Luis de Vargas kann man in der Kathedrale bewundern. Denn dank all seiner Wohlhabenheit entwickelte sich Sevilla auch zum Zentrum der spanischen Kunstszene. Die Reichen von Sevilla lebten in geradezu dekadentem Überfluss. Und mit entsprechender Arroganz und Ruchlosigkeit pflegten sie ihre Begehrlichkeiten durchzusetzen. Als Prototyp dieses Menschenschlags tritt der Graf Almaviva im „Barbier von Sevilla“ auf.

Doch Hochmut kommt bekanntlich vor dem Fall. Der Guadalquivir begann allmählich zu versanden. Die Galeonen aus Übersee bekamen immer größere Probleme, Sevillas Hafen anzufahren. Zu allem Überfluss brach 1701 der Spanische Erbfolgekrieg zwischen den Häusern der Habsburger und der Bourbonen aus. Nach 13 zähen Jahren gingen die Bourbonen siegreich daraus hervor, dummerweise hatte Sevilla jedoch die Habsburger unterstützt. Nicht so die Stadt Cádiz, die zudem auch noch verkehrsgünstig direkt an Spaniens Südwestküste liegt und von den Schiffen keine lästige Flussfahrt von 85 Kilometern Länge verlangt, um ihren Hafen zu erreichen. Die Bourbonen übertrugen das Handelsmonopol deshalb kurzentschlossen auf Cádiz. Und schlagartig war es um Sevillas Handelsblüte geschehen. Dass gegen Ende des gleichen Jahrhunderts auch noch das spanische Kolonialreich zu bröckeln begann, ist eine andere Geschichte.

Sevilla sah sich mit einem katastrophalen wirtschaftlichen Niedergang konfrontiert. Lange Jahre dauerte der Zustand der Lähmung, der die Stadt fest in seinem Griff hielt. Es mussten erst zwei Männer aus anderen Regionen nach Sevilla kommen, der Baske José María Ybarra und der Katalane Narciso Bonaplata, um für Abhilfe zu sorgen. Denn manchmal braucht man einen unvoreingenommenen Blick von außen, um Probleme lösen zu können. Beide Männer engagierten sich im Stadtrat von Sevilla, und wenn sich das Lamento angesichts der ausweglosen Situation mal wieder über schier endlose Sitzungsstunden hingezogen hatte, saßen die beiden danach noch zusammen und überlegten, was man tun könnte. So kam ihnen schließlich die Idee, alljährlich einen großen Bauernmarkt abzuhalten, um der am Boden liegenden Ökonomie wieder einen Lebensfunken einzuhauchen.

1847 setzten sie ihr Vorhaben erstmals in die Tat um. Der Vieh- und Getreidemarkt von Sevilla entpuppte sich als großer Erfolg. Aus dem weiten Umkreis kamen Händler, neues Leben erfüllte die Stadt. Unzufrieden zeigten sich nur die Ehefrauen der Geschäftsleute, weil sie daheimbleiben mussten, während die Männer nach erfolgreichen Abschlüssen ihrem Vergnügen in den Tavernen der Stadt frönten. Und sagte man nicht den Gitanas, die schon bald die Marktstände belebten, große Verführungskünste nach? So dauerte es nicht mehr lange, bis die ganze Familie zum Markt nach Sevilla aufbrach. Als Unterschlupf für die Nacht wurden neben den Ständen jeweils runde Zelte mit spitzem Dach aufgestellt. Dorthin verlagerte sich die allabendliche Sobremesa.

Die Gesellschaft veränderte sich weiter. Je mehr Menschen die Landwirtschaft aufgaben, anderen Tätigkeiten nachgingen und in die Städte zogen, desto stärker verlor der Bauernmarkt an Bedeutung. Doch sollte man das fröhliche Zusammentreffen aufgeben? So entwickelte sich die Feria immer mehr zu einem bunten Jahrmarkt. Heute werden hier noch immer Zelte aufgebaut, die sogenannten Casetas, und noch immer haben diese ein spitzes Dach. Nur ihre runde Form haben sie eingebüßt, denn bei einer viereckigen Konstruktionsweise spart man viel Platz. Auf diese Art passen jetzt mehr als 1.000 Casetas auf das Festgelände. Jede davon beherbergt eine geschlossene Gruppe, sei es eine Familie, eine Firma oder ein Verein.

Im Inneren sind die Casetas heimelig dekoriert, mit Blumen, Bildern, Spiegeln, Lampen und Vorhängen. Dazu gibt es Tische und Stühle, denn hier wird gegessen und getrunken, gesungen und gelacht. Und schließlich wird alles beiseitegeschoben und zur Sevillana aufgespielt. Dieser äußerst populäre Volkstanz ist eine Variante des Flamenco, man tanzt ihn paarweise, wobei die Partner jeweils Mann und Frau oder zwei Frauen sein können. Niemals aber wird man zwei Männer zusammen tanzen sehen, es sei denn, man befindet sich in einem progressiven Umfeld. Beide Tänzer umgarnen sich und folgen dabei einer komplizierten Schrittfolge, aber jeder vollführt seine individuellen Figuren. Vorgegeben ist nur das gemeinsame Finale jeder Abfolge: Ein kraftvolles Aufstampfen mit dem Fuß, den Kopf theatralisch nach hinten geworfen, einen Arm jählings in die Höhe gerissen. José Ortega y Gasset, der bedeutende Madrider Philosoph des 20. Jahrhunderts, beschrieb die Sevillana als „ein wunderbares narzisstisches Ballett".

An die 30.000 Lichter erhellen das gewaltige Eingangsportal zur Feria, wenn am Sonntag pünktlich um Mitternacht die Eröffnung „El Alumbrao" den Auftakt zum Volksfest gibt. Von nun an bis zum nächsten Samstag heißt es feiern, was das Zeug hält. Denn während der Feria wollen weder die Nächte noch die Tänze enden. Glücklich, wer eine Einladung in eine der Casetas erhalten hat, alle anderen der bis zu 500.000 täglichen Besucher trösten sich in den öffentlichen Zelten oder auf der Calle del Infierno, der „Höllenstraße" mit ihren Fahrgeschäften und Kirmesbuden.

Höhepunkt eines jeden Tages sind aber die Defilees der aufgeputzten Festteilnehmer. Tausende von Pferden und hunderte von Kutschen eröffnen allmorgendlich den neuen Tag auf ihrem Weg zur Plaza de Toros de la Real Maestranza, der 12.000 Zuschauer fassenden Stierkampfarena von Sevilla. Hier finden während der Feria Stierkämpfe statt, denen eine enorme Bedeutung beigemessen wird.

Geradezu klassisch ist das Bild vom Macho mit breitkrempigem Hut und Gaucho-Hose, der im Sattel sitzt, während sich eine rassige Schönheit in Rüschenpracht malerisch hinter ihm auf dem Pferderücken hindrapiert hat. In der Hand vielleicht ein Gläschen Manzanilla, die Sorte von Sherry, die man hier trinkt. Sherry ist ein verstärkter andalusischer Weißwein, seinen Namen verdankt er den englischen Händlern, die ihn zu Weltruhm brachten.

Bezüglich ihres Outfits sind der Fantasie der Festteilnehmer kaum Grenzen gesetzt, natürlich immer im Rahmen des klassisch andalusischen Habitus. Maja-Kleider gibt es in allen erdenklichen Ausführungen, eins kostspieliger und komplexer gestaltet als das andere. Mit tiefem Ausschnitt, ob vorn oder hinten, aufreizend eng oder mit überquellender Rüschenkaskade. Flamenco-Anzüge von der naturleinenen Ökoversion bis hin zu schillerndem Satin. Amazonen in androgynem Anzug, die Gerte provozierend erhoben. Und ist es Zufall, wenn sich die Fransen der großen Flamenco-Seidenschals, der Mantóns, beim Vorbeigehen in den Knöpfen der Herrenjacketts verheddern? Die Männer ihrerseits sparen nicht mit Komplimenten, die sie wildfremden Schönheiten hinterherwispern. Solche Schäkereien gehören zum Ritual, und niemand käme auf die Idee, auch nur ansatzweise an unerwünschte Belästigung zu denken.

Während Sevilla sich im Taumel der Feria berauscht, mache ich einen Abstecher in die Altstadt, in der es jetzt deutlich ruhiger zugeht als an gewöhnlichen Tagen. Sie ist eines der größten historischen Zentren von ganz Spanien, und sie zählt darüber hinaus zu den schönsten. Da locken bei weitem nicht nur die Paläste oder die Kathedrale. Zu den beeindruckendsten Plätzen Europas zählt die Plaza de España, halbkreisförmig eingefasst von einem repräsentativen Gebäudekomplex und einem mehr als 500 Meter langen Kanal, über den vier geschwungene Brücken führen. Das Bauwerk ist mit Säulen, bunten Keramiken und Marmor geschmückt. Bemalte Fliesen, die Azulejos, repräsentieren die 48 Provinzen von Spanien. Dieser majestätische Platz hat einen Durchmesser von mehr als 200 Metern und öffnet sich in Richtung des Flusses Guadalquivir. Da der Weg zum Atlantik über diesen Fluss führt, soll der Platz somit gleichsam die Umarmung der südamerikanischen Kolonien durch Spanien symbolisieren. Entsprechend entstand er denn auch anlässlich der Iberoamerikanischen Ausstellung in Sevilla, die im Jahr 1929 stattfand.

Nördlich davon befinden sich der Real Alcázar und die Kathedrale. Aber auch Santa Cruz, das frühere Judenviertel der Stadt. Zwischen mittelalterlichen Bauten schlängeln sich kopfsteingepflasterte Gassen hindurch, manche davon kaum breiter als einen Meter, und ich verliere mich in ihrem Gewirr. Blumentöpfe hängen an den Mauern, schmiedeeiserne Gitter schützen die Fenster, beschlagene Türen versperren die Häuser. Doch aus den verborgenen Höfen dringt hie und da ein Hauch von Orangenblütenduft. Er erzählt von einem lauschigen Innenhof, wo ein Brünnlein im Schatten raunt. Und wo sich wucherndes Grün über eine Nische neigt, in der ein Tischchen mit zwei Stühlen zum Verweilen lädt.

Dann, nach der nächsten Ecke, finde ich mich unversehens vor einer Souvenirbude wieder. Ein Ständer mit Postkarten ist davor aufgebaut, und sofort verfängt sich meine Aufmerksamkeit. Denn ich muss unbedingt meiner 106-jährigen Großtante eine Ansichtskarte schicken, sie freut sich immer so sehr darüber. Und auch meine Freundin Gunhild soll eine Karte bekommen. Schließlich beglücken wir uns schon seit der Kindheit gegenseitig mit Hundekarten aus aller Welt.

Doch hier hängen keine Fotos von Pyrenäenhunden, spanischen Doggen oder Wasserhunden. Nein, der Zauberglanz der Feria hat auch den Postkartenständer erfasst. Auf den bunten Bildern haben sich Flamenco-Tänzerinnen in dramatische Posen geworfen. Ihre rauschenden Röcke wölben sich aus dem Kartenkarton, denn sie bestehen tatsächlich aus Stoff und Tüll. Hingerissen schließe ich die Augen, weil eine Erinnerung aus dem Nichts auftaucht. Genau solch eine Karte besaß ich schon einmal! Ich war erst fünf Jahre alt, und sie war mein ganzer Stolz. Damals, auf Mallorca im Jahr 1965.

Rebujito – ein spanischer Cocktail

Zutaten:

500 ml Manzanilla (oder ein anderer Sherry)
1 l Zitronenlimonade
Eiswürfel
frische Minze

Zubereitung:

Sherry und Zitronenlimonade in einem Krug mischen. Eiswürfel in ein Cocktailglas geben und mit dem Sherry-Limonadengemisch auffüllen. Mit ein paar Minzeblättchen dekorieren.

Rebujito gilt als das beliebteste Getränk der Feria de Abril. Normalerweise bestellt man einen großen Krug zum Teilen. In Sevilla gibt es sogar ein Speiseeis in der Geschmacksrichtung Rebujito.

Ganz nach Geschmack kann man den Sherry auch mit Tonic Water mischen.

Zum Rebujito nascht man gerne:

Buñuelos – ein Schmalzgebäck

Zutaten:

200 g Mehl
1 Ei
100 ml Milch
1 Pck. Vanillezucker
40 g Zucker
½ Tl Backpulver
Speiseöl zum Frittieren
Zucker zum Bestreuen

Zubereitung:

Das Mehl in einer Schüssel mit Zucker, Vanillezucker und Backpulver vermischen. Milch und Ei hinzugeben und alles zu einer gleichmäßigen Masse verarbeiten, die nicht zu klebrig, aber auch nicht allzu fest sein sollte (ggf. noch etwas Mehl oder Milch hinzugeben). Abdecken und ½ Stunde quellen lassen.

In einem Topf oder in der Fritteuse reichlich Speiseöl erhitzen. Aus dem Teig Bällchen von ca. 5 cm Durchmesser formen und diese ca. 6–7 Minuten im siedenden Öl schwimmend frittieren, bis sie goldbraun sind. Mit dem Schaumlöffel herausnehmen, auf Küchenkrepp entfetten und danach ringsum mit Zucker bestreuen. Noch warm genießen.

Vom Trendsetter zum Ballermann – Mallorca

Ich kann mich noch gut an die ungeheure Aufregung erinnern, die mich erfasste, als ich mit fünf Jahren zum ersten Mal ein Flugzeug bestieg. Flugreisen – man kann es sich heute kaum vorstellen – gehörten damals zu den höchst seltenen Privilegien. Zudem landete ich auch noch in einer völlig fremden Welt – hell, sonnig und durchwoben von unbekannten Düften. Sie stammten von Blumen und Früchten, die ich nie zuvor gesehen hatte. Betört sog ich den süßen, schweren Duft der Feigen ein und staunte über die kleinen Krönchen der prallen Granatäpfel.

Und dann erst der Strand! Welch ein Paradies – goldener Sand und türkisfarbenes Wasser, meine Kinderseele fiel in trunkenen Taumel. Ich durfte auf einem Esel reiten, und ein Ausflug im Mietauto führte uns rund um die Insel. Wilde Landschaften und die spektakuläre Aussicht vom Cap de Formentor, dem „Treffpunkt der Winde", das am nördlichsten Punkt der Insel wie ein Fingerzeig zur Nachbarinsel Menorca weist. Welch ein atemberaubendes Gefühl, aus einer Höhe von 384 Metern über die Steilküste hinweg auf das endlose Blau von Meer und Himmel zu schauen!

Mehr noch faszinierte mich aber die kleine Bucht, an der wir irgendwo unterwegs anhielten. Durch dichte Macchia gelangten wir an einen völlig unberührten Strand. Verführerisch lockte das Meer unter der brütenden Sonnenglut. Kurzerhand entledigten mein Vater und ich uns der Kleidung und nahmen ein Bad in Unterhosen. Meine Mutter? Natürlich nicht.

Aber ich erinnere mich auch an ein paar Wermutstropfen. Dazu zählten zum einen die riesigen Baustellen, die unser kleines Hotel an der Cala Millor umzingelten. Man musste sich erst durch eine Endzeitwelt aus grauen Betonskeletten vorarbeiten, bis zwischen Opuntien, Oliven und Orangenbäumen wieder mediterrane Glückseligkeit aufkam. Dass hier die Bettenburgen der Zukunft entstanden, wusste ich damals noch nicht.

Als noch wesentlich schlimmer empfand ich es allerdings, dass ich mich bei meinen ersten zaghaften Schwimmübungen unvermittelt neben einem im Wasser dümpelnden Häuflein wiederfand. Panisch strampelte ich, um wieder Boden unter den Füßen zu finden und an den rettenden Strand zu fliehen. Tatsächlich entsorgten die Hotels ihr Abwasser damals ungefiltert über dicke Rohre direkt ins Meer. Und auch wenn bald darauf Kläranlagen entstanden, so stellt Schmutzwasser noch heute ein beträchtliches Problem dar. Denn bei stärkeren Regenfällen sind die veralteten Anlagen schnell überlastet. Schon quillt die Kanalisation über, und im Meer landen Dinge, die dort nicht hingehören. Besonders die Hauptstadt Palma wird von dieser Problematik geplagt. Das ist eine der üblen Folgen des Tourismus, der Mallorca wie kaum einen anderen Ort während der vergangenen Jahrzehnte überrollt hat. Selbst 1965, bei meinem ersten Besuch, konnte man die Insel schon längst nicht mehr als Geheimtipp bezeichnen.

Das gut 3.600 Quadratkilometer große Eiland kann mit fantastischen Landschaften aufwarten, von den bis zu 1.000 Meter hohen Bergen der Serra de Tramuntana im Norden über weite Ebenen, endlose Olivenhaine und von Steinmauern gesäumte Felder und Pfade. Ein besonderer Schatz sind die Küsten, die sich mit einer Gesamtlänge von 550 Kilometern um die Insel schlängeln. Hier finden sich herrliche Strände, verschwiegene Buchten und wild zerfurchte Klippen. Hinzu kommt ein überaus schmeichelndes Klima, das im Durchschnitt mit acht täglichen Sonnenstunden aufwarten kann. Dazu mit angenehm milden Wintern, und bereits im Januar wird der Frühling von der Mandelblüte eingeläutet. Die Sommer sind heiß und trocken, das Meer lockt mit Badetemperaturen von bis zu 25 Grad.

All das macht die Insel zu einem wahren Kleinod. Die ersten Bewohner, die wahrscheinlich vor 6.000 Jahren an ihren Gestaden anlandeten, hatten ein wirkliches Paradies auf Erden entdeckt. Noch heute kann man Spuren vorgeschichtlicher Besiedlung finden, die Menschen hinterließen dickwandige Steinbauten und Nekropolen, wie man sie zum Beispiel in Son Real oder Ses Païsses bestaunen kann. Es sind Zeugen der sogenannten Talaiot-Kultur, die die Balearischen Inseln zwischen dem 13. und dem 2. vorchristlichen Jahrhundert prägte, und deren Überbleibsel man auch auf Menorca findet.

Seit der Zeit der Phönizier, die um die letzte vorchristliche Jahrtausendwende begann, kamen Besucher nach Mallorca. Doch zunächst waren das ausschließlich Geschäftsreisende. Die Phönizier bauten ein Handelsnetz auf, welches den gesamten südlichen Mittelmeerraum umfasste, auch Mallorca bildete dabei einen Stützpunkt. 123 v. Chr. nahm das Römische Reich die Insel ein, römische Siedler brachten ihre Sprache und ihre Kultur mit. Auch später, nach dem Fall des Römischen Reichs, blieb Mallorca ein wichtiger Handelsplatz. So wichtig, dass andere europäische Mächte es bis ins Jahr 902 vor den Eroberungszügen der Mauren schützten. Erst dann fiel es unter maurische Herrschaft. Der 327 Jahre währenden maurischen Epoche verdankt die Insel die Einführung ausgeklügelter Bewässerungssysteme, welche die mallorquinische Landwirtschaft revolutionierten.

Doch bis Urlaubsreisende die Insel für sich entdeckten, sollten noch Jahrhunderte vergehen. Zur Vorreiterin avancierte eine Frau: Die französische Schriftstellerin George Sand verbrachte den Winter 1838/1839 gemeinsam mit ihren Kindern und ihrem Gefährten Frédéric Chopin auf Mallorca. Dies sei der schönste Ort, den sie je bewohnt habe, pries sie die Insel in ihrem Roman „Ein Winter auf Mallorca", in dem sie ihre Reiseerlebnisse verarbeitete und Mallorca erstmals über dessen Grenzen hinaus bekannt machte. Allerdings beklagte sie auch die misstrauische Haltung, mit der ihr die Insulaner entgegentraten. Fremde stellten für diese noch eine völlig exotische Erscheinung dar. Und dann wurden sie auch noch gleich mit solchen Exzentrikern wie George Sand und Frédéric Chopin konfrontiert!

Erst fünf Jahre später nahm eine regelmäßige Fährverbindung zwischen dem 170 Kilometer entfernten Barcelona und der Inselhauptstadt Palma ihren Dienst auf. Und es sollte noch bis zum Beginn des 20. Jahrhunderts dauern, dass immer mehr Touristen den Weg nach Mallorca fanden. Damals wurde das Reisen in den bessergestellten Schichten zunehmend populär, besonders die Briten entdeckten ihre Reiselust. Das erste Hotel öffnete 1903 in Palma seine Pforten: das Gran Hotel, ein prächtiges Jugendstilgebäude in der historischen Altstadt, das dank elektrischen Stroms und dampfbetriebener Heizung bereits mit beachtlichem Luxus aufwarten konnte. Heute beherbergt es eine Kulturstiftung und eine Gemäldeausstellung.

Doch nun sollte es immer schneller gehen. Es war schon im Jahr 1905, als der damalige Präsident der mallorquinischen Handelskammer den Fomento del Turismo de Mallorca gründete, einen Tourismusverband, der als der weltweit erste seiner Art gilt. Vorrausschauend hatte der Mann erkannt, welch enormes wirtschaftliches Potenzial im Fremdenverkehr schlummerte. Der Tourismusverband verfolgte zwei Ziele, zum einen, die Insel bekannter zu machen, zum anderen, die nötigen Voraussetzungen zu schaffen, die einen Urlaubsaufenthalt erst ermöglichten. Dazu gehörte die bequeme Anreise genauso wie die passende Infrastruktur, wobei zunächst die Verkehrswege im Fokus standen. Eine 17 Kilometer lange Landstraße zwischen den Gemeinden Andratx und Estellencs bildete den Anfang. Das Engagement des Verbandes zahlte sich aus, denn schon 1907 erkannte auch der spanische Staat dessen Nutzen und begann, ihn finanziell zu unterstützen. 1908 konnte der erste Reiseführer in Druck gehen, im gleichen Jahr verließ die erste organisierte Touristengruppe in Palma ihr Schiff.

Doch schon bald wurde Europa schwer gebeutelt. Mit dem Ersten Weltkrieg kam das so hoffnungsvoll begonnene Reisegeschäft völlig zum Erliegen. Erst in den „Goldenen Zwanzigern" startete man erneut durch. Das freundliche Klima stand nun im Mittelpunkt der Werbekampagnen, mit dem Ziel, Sonnenhungrige aus Europas kühlem Norden herbeizulocken. 1935 folgten schon 50.000 Gäste dem Versprechen, auch wenn das Reisen nach wie vor ein Vorrecht der betuchten Schichten blieb. Der Schock des Zweiten Weltkriegs beendete diese erwartungsfrohe Phase jedoch schon bald.

Als Europa allmählich aus dem Kriegsgrauen erwachte, sollte sich erneut alles ändern. Der wirtschaftliche Aufschwung der Fünfzigerjahre spülte zunehmend Geld in die Kassen von Menschen, die niemals zuvor vom Reisen zu träumen gewagt hätten. Zudem standen der arbeitenden Bevölkerung erstmals vertraglich geregelte Urlaubszeiten zu. Leid und Elend der überstandenen Notzeiten weckten zudem die Sehnsucht nach der Leichtigkeit des Seins unter südlicher Sonne.

So kam es, dass schon 1950 fast 100.000 Urlauber den Weg nach Mallorca fanden, und in den darauffolgenden Jahren vervielfachte sich diese Zahl immer mehr. General Franco beobachtete die Entwicklung mit leuchtenden Augen. Nicht nur das freundliche Image der Insel, von dem ganz Spanien profitierte, auch die Devisen der Urlauber waren dem Diktator höchst willkommen. Die Vergabe von Visa und die Grenzkontrollen wurden gelockert. Auf Mallorca fasste man derweil Zielgruppen wie Hochzeitsreisende ins Auge, gleichzeitig wurden mehrsprachige Fremdenführer ausgebildet. Und weil die Entwicklung der Fliegerei durch den Zweiten Weltkrieg enorme Fortschritte gemacht hatte und sich nun der zivile Flugverkehr auf dem Vormarsch befand, erhielt Palma de Mallorca einen modernen Verkehrsflughafen. 1960 nahm er seinen Betrieb auf, ein wesentlicher Meilenstein auf dem Weg Mallorcas zu Europas Ferieninsel Nummer eins.

Nun gab es kein Halten mehr. Die Zahl der Reiseveranstalter wuchs, die Pauschalreise, bisher den Besserverdienenden vorbehalten, eroberte den Massenmarkt. Bunte Reisekataloge heizten die Sehnsucht an, und weil Spanien ein deutlich niedrigeres Preisniveau als die nordeuropäischen Länder aufwies, blieben die Kosten auch noch überschaubar. Jetzt hieß es, Betten machen! Mallorca wurde von einem ungestümen Bauboom erfasst. Leider stand dabei die Schaffung von höchstmöglichen Kapazitäten auf schnellstmögliche Weise im Zentrum des Interesses. Die Ansprüche waren nicht hoch, Hauptsache, man hatte ein Dach über dem Kopf. Bettenburgen und Betonkästen verschandeln seitdem einige der schönsten Küsten der lieblichen Insel.

Bereits im Jahr 1965 stellte ich nur eine von einer Million Reisenden dar, die ihren Urlaub auf Mallorca verbrachten. Inzwischen kommen bis zu zehn Millionen Gäste, davon an die vier Millionen Deutsche. Nicht umsonst bezeichnet man Mallorca – mit einer zugegebenermaßen ziemlich abgegriffenen Floskel – als 17. Bundesland. Warum stieg Mallorca ausgerechnet für die Deutschen zu ihrer erklärten Lieblingsinsel auf?

Anfang der Siebzigerjahre, als die Zahl der Touristen schon auf fast zwei Millionen hochschnellte, kamen die ersten Deutschen auf den Gedanken, sich vor Ort selbst ein Scheibchen vom großen Geschäft abzuschneiden. Im Sonnenparadies leben und arbeiten – was im Zeitalter der Globalisierung viele für sich verwirklichen, war damals noch geradezu revolutionär. Ein Düsseldorfer Altstadtkönig eröffnete 1970 die erste Disco auf Mallorca. Im gleichen Jahr siedelte ein Metzger aus Fulda über und machte eine Imbissbude auf, aus der sich ein mallorquinisches Wurst- und Gastronomieimperium entwickeln sollte. Immer mehr von Deutschen geführte Gaststuben lockten die Landsleute mit wohlvertrauten Genüssen. Bier und Wurst ersparten den Urlaubern die Mühsal, sich mit ungewohnter spanischer Kost auseinandersetzen zu müssen. Und zu allem Segen wurde sogar noch deutsch gesprochen!

Wer es ruhiger und authentischer wollte, der wich auf die kleineren Baleareninseln wie Menorca und Formentera aus. Meine Freundin Claudia kam 1970 zum ersten Mal nach Ibiza und schwärmt noch heute von der fröhlichen Freiheit, die diese Insel damals prägte. Hierher flohen die Aussteiger und die Hippies, sie genossen das süße Leben unter Spaniens Himmel. Bis es ihnen allmählich zu bunt wurde, weil ab den Siebzigerjahren immer mehr gewöhnliche Touristen dem verheißungsvollen Lockruf folgten. Die Hippies zogen weiter in Richtung Marokko, an ihrer Stelle eroberte zunehmend Partyvolk die kleine Insel. In den Neunzigerjahren etablierte sich eine breitgefächerte Clubszene, und so ist es bis heute geblieben – hey, we're going to Ibiza!

Im Lauf der Jahre wurde das Reisen immer billiger. Mallorca hatte inzwischen hohe Kapazitäten geschaffen, es war bequem und schnell zu erreichen, und es bot noch immer tolle Strände und bestes Wetter. Die Uferpromenaden füllten sich mehr und mehr mit Lokalen und Fast-Food-Buden, wo sich die Sonnenanbeter labten, wenn der Tag in den Abend überging.

„Balneario", so heißen die 15 Strandabschnitte an der 4,5 Kilometer langen Playa de Palma zwischen Can Pastilla im Nordwesten und S'Arenal im Südosten, und zu jedem davon gehört eine Strandbar. Der deutsche Volksmund machte aus dem Balneario einen Ballermann, zumindest, was Strandabschnitt 6 anbelangt. Denn hier konzentrieren sich schon seit den Siebzigerjahren die vergnügungstrunkenen Deutschen. Man tummelt sich auf Bier- und Schinkenstraße, schwoft beim „Bierkönig" oder im „Oberbayern". Aus den Kneipen dröhnen Kirmestechno und Eurodance, wer das nicht mag, der feiert mit Schlagersause und dem „König von Mallorca". Schnell errang Ballermann 6 Kultstatus, Mallorca mutierte zu „Malle".

Natürlich fließt bei all dem der Alkohol in Strömen. Hier ist der Ort, an dem das berüchtigte Eimersaufen aus der Taufe gehoben wurde. Wem reicht schon ein Glas, selbst eine Karaffe enthält viel zu wenig, also kippte man die Sangría kurzerhand in Plastikeimer und setzte diese den durstigen Partygruppen mit langen Trinkhalmen vor. Wohin das führte, ist bekannt. Saufexzesse zogen Pöbeleien und Rowdytum nach sich. Mallorcas guter Ruf, an dem seit 1905 mit so viel Mühe gearbeitet worden war, schwand dahin. Die einheimische Bevölkerung beobachtete die Entwicklung mit zunehmender Sorge. Die knapp 900.000 Insulaner, von denen fast die Hälfte in der Stadt Palma mit dem Ballermann vor den Toren lebt, reklamierten zumindest einen Rest von Normalität für sich selbst.

Die mallorquinische Regierung zog die Notbremse und verbot vor einigen Jahren das Eimersaufen. Für die Außen-Musikbeschallung wurden Dezibelgrenzen gezogen, am Ballermann eine Nachtruhe etabliert. Der Versuch, auch ein Alkoholverbot durchzusetzen, scheiterte allerdings. Denn schließlich kollidierte das mit den wirtschaftlichen Interessen der Kneipiers. Nun bestimmt ein umfassender Verbotskatalog die Benimmregeln am Ballermann.

Trotz alldem gibt es noch immer ein Mallorca jenseits der Party-Kultur. Bis heute kommen Aussteiger, die sich auf der Insel eine neue Existenz schaffen. Unser Maler zum Beispiel. Tschüss, sagte er, und seitdem streicht er mallorquinische Wände. Rentner genießen die winterliche Wärme, Ruhesuchende urlauben in rustikalen Fincas fernab des Rummels. Auch Prominente aus aller Welt haben ihr Herz an die Insel verloren. Denn allem Massentourismus zum Trotz: Mallorca ist vor allen Dingen ausnehmend schön.

Das haben wohl auch meine Eltern so empfunden, weshalb wir schon 1966 zum nächsten Mallorca-Urlaub aufbrachen. Nur in die Stierkampfarena von Palma durfte ich nicht mitkommen und auch den Super-8-Film, den mein Vater dort aufnahm, niemals sehen. Warum bloß?

Sangría

Zutaten:

750 ml Rotwein
300 ml Zitronenlimonade
2 cl Orangenlikör
2 cl Weinbrand
je 1 unbehandelte Orange und Zitrone
1 Pfirsich
1 Apfel
1 Zimtstange
2 El Zucker
Eiswürfel

Zubereitung:

Apfel und Pfirsich entkernen, alles Obst vierteln, in Scheiben schneiden und mit Zucker und Zimtstange in eine Karaffe geben. Mit Orangenlikör, Weinbrand und Rotwein übergießen, umrühren und 24 Stunden im Kühlschrank durchziehen lassen. Vor dem Genuss Limonade und Eiswürfel hinzugeben und noch einmal durchrühren.

Sangría ist in ganz Spanien sehr beliebt und wird in Glaskaraffen (nicht in Eimern) serviert. An heißen Tagen wird sie auch gerne mit Sprudelwasser vermischt. Statt Limonade kann man Fruchtsaft verwenden, das Obst lässt sich ebenfalls variieren. Sangría schmeckt auch mit Weißwein oder Sekt, und alkoholfreie Varianten mischt man aus Limonade und Saft. Übersetzt heißt „sangría" übrigens „Aderlass", wie Sie das interpretieren möchten, überlasse ich Ihnen.

Der Macho und das wilde Tier – las corridas de toros

Unser nächstes Thema erscheint mir wie der Inbegriff des Machismo. Dieser Ausdruck ist ein Lehnwort aus dem Spanischen. Während „macho" lediglich „männlich" bedeutet, bezeichnet „machismo" auch im Spanischen einen ausgeprägten Männlichkeitswahn, der die vorgebliche Überlegenheit der Männer gegenüber allem Weiblichen betont und exzessiv auslebt. Das steigert sich bis hin zur Ideologie, und nicht umsonst ist es ausgerechnet ein spanisches Wort, mit dem diese Geisteshaltung benannt wird.

Es ist literarisch vielfach belegt, dass der Machismo die spanischsprachigen Gesellschaften unserer Welt – also nicht nur Spanien selbst, sondern vor allem auch die ehemaligen Kolonien in Mittel- und Südamerika – prägt wie kaum andere. Zwar sind Diskriminierung und Unterdrückung von Frauen beileibe keine spezifisch spanischen Probleme, doch tendiert man hier besonders auffällig dazu, alles Männliche demonstrativ zu überhöhen und zum Kult zu erheben. Und das gereicht den Männern keinesfalls nur zum Vorteil. Im Gegenteil, stehen sie doch unter dem ständigen Druck, ihre Männlichkeit, ihre Potenz und das, was traditionell als ihre Ehre betrachtet wird, zu verteidigen und zur Schau zu stellen.

Doch kehren wir zurück zum Inbegriff all dessen. Ein Mann, mit stolzer Haltung wirft er sich in die Brust. Er trägt die „traje de luces", die „Tracht der Lichter". Weniger würde ihm wohl nicht gerecht, seine überragende Position verlangt nach der gebührenden Kleidung. Die Traje de luces ist ein knapp geschnittenes Jäckchen, unter den Armen offen, damit es seinen Träger nicht allzu sehr einengt und in seinen Bewegungen beeinträchtigt. Denn bewegen wird er sich heute noch müssen.

Die Traje de luces ist aber keinesfalls nur ein schlichtes Jäckchen, nein, über und über prangt sie in schmückenden Details, und vor allem die vielen im Sonnenschein reflektierenden Pailletten sind es, die den Namen des Jacketts erklären. Die Schulterpartien sind stark betont, an den glänzenden Schulterklappen hängen Kügelchen, die bezeichnenderweise „machos" heißen. Meist ist die Traje de Luces von auffallender Farbe, leuchtend rot, grün, blau, lila, gern auch pink. Farbgleich ist die hautenge, wadenkurze Hose, in deren Bordüren sich die Dekorationen der Traje de Luces fortführen. Sie reicht nach oben bis weit über die Taille. Unter dem Traje de Luces blitzt ein weißes, oft spitzenbesetztes Hemd hervor. Kniestrümpfe, glänzende schwarze Halbschuhe und der „capote de paseo", ein weiter Umhang, oft mit religiösen Motiven geschmückt, runden das Outfit ab. Nur wer den Ernst der Sache nicht verstanden hat, denkt jetzt an ein lächerliches Operettenkostüm.

Auf seinem Haupt trägt der Mann die Montera, gemacht aus dem schwarzen Persianer-Fell der lockigen Karakulschafe und gefüttert mit Samt. An den Seiten des Huts wölben sich die beiden „Zwiebeln" hervor, sie symbolisieren die Hörner des Stiers.

Und genau dieser ist der Gegner unseres Machos: der Stier. Wie kein anderes Tier versinnbildlicht er schon seit prähistorischen Zeiten unbezwingbare Stärke, Männlichkeit und Zeugungskraft. Davon erzählen all die Stierkulte, die aus dem europäischen und dem vorderasiatischen Raum überliefert sind. Es ist deshalb die ultimative Demonstration der Überlegenheit des menschlichen Machos, einen Stier zu besiegen.

Unwillkürlich denke ich wieder an die Oper „Carmen", und wem klingt jetzt nicht das berühmte Torerolied im Ohr? „Toréador, en garde", lautet der Refrain der populären Arie, mit der der Torero Escamillo verschiedene Situationen des Stierkampfes besingt, vom begeisterten Lärmen und vom Applaus des Publikums, von dessen schockstarrem Schweigen, als der kraftstrotzende Stier in die Arena kommt, vom Blut und von der Liebe, die auf den siegreichen Kämpen wartet. Das Lied ist eine einzige Glorifizierung. Doch was geschieht wirklich?

Zuallererst sollten wir die Opernarie wieder vergessen. Denn obwohl sie entsprechende musikalische Anspielungen enthält, so ist der Soundtrack des Stierkampfs doch der Paso Doble. Als Tanzmusik komponiert, begleitet sein Rhythmus die tänzerische Interpretation des Stierkampfs. Paso Doble entstand im 19. Jahrhundert in Spanien, auch wenn er heute den lateinamerikanischen Tänzen zugeordnet wird. Er ist eine Art Marsch, der durch Elemente des Flamenco und des Fandango – das ist ein historischer spanischer Singtanz – angereichert wird. Paso-Doble-Musik erklingt zum Einmarsch der Toreros und immer wieder während der Höhepunkte einer Stierkampf-Veranstaltung.

Die Regeln des Stierkampfs legte der Matador José Delgado im Jahr 1796 schriftlich nieder, und sie sind, von geringfügigen Änderungen abgesehen, bis heute gültig. Das gesamte Zeremoniell einer „corrida de toros" – wörtlich: „Stier-Rennen" – unterliegt einem strengen Ablauf. Die wesentliche Vorgabe besteht in der ritualisierten Tötung von Stieren. Ein einzelner Kampf dauert 20 Minuten, eine Corrida umfasst meist sechs solcher Kämpfe, sechs einzelnen Stieren treten dabei insgesamt drei Matadore gegenüber, natürlich jeweils jeder für sich. Und doch keineswegs alleine.

Alle Männer, die an einer Corrida teilnehmen, schmücken sich mit dem Titel „Torero", ein Wort, bei dem so viele Assoziationen mitschwingen. Aber nur jeweils einer darf sich als „Matador" – „Töter" – bezeichnen. Denn der Matador ist derjenige, dem die Ehre gebührt, dem Stier im offenen Kampf gegenüberzutreten und ihn am Ende zur Strecke zu bringen. Unterstützung erhält der Matador von einem oder zwei Picadores, das sind die Reiter, die den Stier im ersten Teil des Kampfes mit ihren Stechlanzen im Nackenbereich verwunden. Immerhin sind die Pferde seit 1928 durch eine Polsterung vor den Hörnern des Stiers geschützt. Die Verletzungen des Stiers in seiner Nackenmuskulatur führen dazu, dass das Tier im weiteren Verlauf des Kampfes seinen Kopf nicht mehr richtig heben kann und am Ende leichter durch einen Degenstich in den Schulterbereich getötet werden kann.

Doch so weit sind wir noch nicht. Der erste Teil der Corrida dient vor allem dem Zweck, die individuellen Verhaltensweisen des jeweiligen Stiers zu studieren. Das Publikum, besonders aber der Matador schätzt ihn genauestens ab. So kann der Matador abwägen, welche Strategie er im weiteren Verlauf der Prozedur verfolgen will. Zeigt sich der Stier als zu wenig angriffslustig, wird aber dennoch von den Picadores malträtiert, so quittiert das Publikum dies mit lauten Buh-Rufen. Weigert sich der Stier nachhaltig, wunschgemäß in das Kampfgeschehen einzusteigen, wird er aus der Arena geholt und durch einen anderen ersetzt. Allerdings steht ihm kein erfreulicheres Schicksal bevor, denn er wandert sofort zum Schlachter.

In der zweiten Phase der Corrida spielen besonders die drei Banderilleros eine wichtige Rolle. Ihre Aufgabe während des Kampfes ist es, den Stier in genau abgepassten Momenten von den anderen Toreros und den Pferden abzulenken. Noch wesentlicher aber ist es, dass sie dem Stier im zweiten Teil des Ablaufs die Banderillas in den Rücken stechen. Das sind Spieße, die mit bunten Bändern verziert sind, vor allem aber an ihren Spitzen Widerhaken haben, sodass sie in der Muskulatur des Tieres hängenbleiben. Auch diese Prozedur verfolgt das Ziel, die Nackenmuskulatur zu schädigen, außerdem wird der Stier durch die Quälerei weiter geschwächt.

Nun endlich beginnt der dritte und finale Teil des Kampfes. Der Matador wechselt sein Tuch, das bisher sehr groß und meist innen gelb, außen pink gefärbt war. Damit hat er die Aufmerksamkeit des Tiers erregt und es bei dessen Angriffen seitlich an sich vorbeigelenkt. Jetzt greift er stattdessen zur Muleta, dem kleinen roten Tuch, das ursprünglich einmal weiß war. Weil es aber stets vom Blut rot gefärbt wurde, nahm man irgendwann gleich ein rotes Tuch. Dieses rote Tuch reizt den Stier, allerdings keineswegs aufgrund seiner Farbe. Rinder können die Farbe Rot nämlich gar nicht wahrnehmen. Was den Stier provoziert, sind allein die schnellen Bewegungen, die der Matador mit dem Tuch vollführt.

Das macht er so lange, bis der Stier endgültig erschöpft ist, längstens aber zehn Minuten. Dann stößt er dem Tier seinen etwa 90 Zentimeter langen Degen zwischen die Schulterblätter. Ziel ist es, das Herz oder die Aorta dabei zu verletzen. Das klappt nicht immer auf Anhieb, aber die weitere Schilderung dieses blutigen Gemetzels will ich Ihnen und mir nun lieber ersparen.

Fest steht, dass der Stier die Arena nicht lebend verlässt. Nur in ganz seltenen Fällen wird ein besonders charismatisches Tier „begnadigt“, darf zurück auf die Weide und dient von nun an als Zuchtbulle.

Aber auch für den Matador geht der Kampf nicht immer glimpflich aus. Berichte über Horrorverletzungen, bei denen Stierhörner durch Beinmuskeln, durch die Brust oder gar gleich durchs Auge des Matadors dringen und ihn aufspießen, gibt es immer wieder. Das Foto des Matadors Julio Aparicio, dem 2010 ein Stierhorn dergestalt den Unterkiefer durchbohrte, dass es im Mund wieder austrat, ging um die Welt. Doch abgesehen davon, dass Aparicio schon ein halbes Jahr später wieder in der Arena stand, ist trotz allem von vornherein klar, wer in der Arena die besseren Karten hat. Toreros werden relativ selten ernstlich verwundet.

Mit vielfachem „Olé" begleitet das Publikum eine gelungene Veranstaltung. „Olé" heißt so viel wie „juhu", nämlich gar nichts. Es ist lediglich ein Ausruf der Begeisterung. Das Publikum mit all seinen lauthals oder mucksmäuschenstill zum Ausdruck gebrachten Emotionen ist die unabdingbare Kulisse der Veranstaltung. Schließlich dient ja alles nur der Unterhaltung dieses Publikums. Und dabei geht es um sehr viel Geld. 200.000 Arbeitsplätze hängen am Stierkampf mit seinem Jahresumsatz von 1,5 Milliarden Euro. Ein einziger Top-Stier kostet schlappe 25.000 Euro, Stars unter den Toreros kassieren bis zu 180.000 Euro pro Auftritt, durchschnittliche Recken bringen es immerhin noch auf mehr als 50.000 Euro.

Stierkampf, wie wir ihn heute kennen, gibt es erst seit dem 18. Jahrhundert. Im Mittelalter kämpften noch Ritter hoch zu Ross gegen den Stier. Doch natürlich liegt es auf der Hand, dass die Wurzeln des Ganzen in den „Spielen" der römischen Antike zu verorten sind. Damals verlustierte sich das Publikum in den großen Arenen nicht nur bei Gladiatorenkämpfen, sondern auch bei Tierhatzen.

In das Bild der Tierhatz passt auch der Encierro, der Stierlauf. Dabei werden die Tiere über öffentliche Straßen in Richtung der Arena getrieben, wo sie später beim Stierkampf getötet werden. Barrikaden markieren ihren Weg, durch schmale Öffnungen können Zuschauer auf die Straße schlüpfen und sich angesichts der herbeistürmenden Stiere einer Mutprobe unterziehen. Besonders bekannt ist der Stierlauf im baskischen Pamplona anlässlich der Sanfermines, einer Mischung aus Volksfest und religiöser Feier, die schon seit 1591 vom 6. bis zum 14. Juli jeden Jahres veranstaltet wird. Weltberühmt wurden die Sanfermines durch Ernest Hemingways Roman „Fiesta". Hemingway thematisiert in etlichen seiner Werke den Stierkampf, angesichts dessen Faszination er einem geradezu suchtartigen Sog verfiel.

Auch im Süden Kataloniens und in der Region von Valencia gibt es Stierläufe, berühmt-berüchtigt ist hier besonders der „toro embolado", der bei Dunkelheit stattfindet und bei dem man die Stierhörner zu brennenden Fackeln umfunktioniert. Nicht auszudenken, welche Panik die Tiere dabei befallen mag.

Haben Sie noch ernsthafte Zweifel daran, dass dem Stierkampf Grausamkeit und Tierquälerei innewohnen? Falls Sie in erster Linie den kulturellen Wert darin sehen, gehen Sie mit dem spanischen Staat konform, der den Stierkampf 2013 zum immateriellen Kulturgut des Landes erhob. Deshalb scheiterten auch Versuche Kataloniens und der Balearischen Inseln, den Stierkampf verbieten zu lassen, am Veto des spanischen Verfassungsgerichts.

Ich glaube nicht, dass wir an dieser Stelle noch weiter vertiefen müssen, was gegen den Stierkampf spricht. Statistiken besagen allerdings, dass nur knapp 20 Prozent der Spanier den Stierkampf gutheißen, womit immerhin eine deutliche Mehrheit dagegen ist oder zumindest kein Interesse daran hat. Geben wir nun auch diesen Befürwortern Raum für ihre Argumente.

Sieht man von der kulturellen Bedeutung ab, so wird vor allem mit dem Erhalt der verschiedenen Rassen iberischer Kampfstiere argumentiert. In diesen Tieren, die durch jahrhundertelange Zucht auf besondere Aggressivität hin selektiert wurden, haben bemerkenswert viele genetische Merkmale ihrer Urform, des Auerochsen, überlebt. Diese Rassen allein zur Fleischproduktion zu erhalten, ist aus wirtschaftlichen Gründen kaum vertretbar, zudem sind die Tiere zu gefährlich. Würde man den Stierkampf unterbinden, müssten 1.200 Zuchtbetriebe schließen.

Außerdem, so wird die Argumentationskette fortgeführt, leben Kampfstiere bis zu ihrem Ende artgerecht auf großen Weiden und damit erheblich besser als die meisten Rinder, die zur Nahrungsmittelproduktion gehalten werden. Die Weiden der Kampfstiere dienen wiederum als nächster Rechtfertigungsgrund. Denn es handelt sich um die sogenannten Dehesas, Hutewälder mit altem Eichenbestand.

Diese ausgedehnten Gebiete konzentrieren sich im Westen Zentralspaniens und in Portugal. Sie bilden eine Art Baum-Savanne, wo Solitärbäume inmitten der Wiesen stehen, und gelten als schützenswerte, naturnahe Kulturlandschaft. Denn sie dienen auch vielen anderen Tieren als Lebensraum, insbesondere den verschiedensten Vogelarten. Nicht mehr genutzt, verbuscht eine Dehesa schnell und verliert ihren ökologischen Wert. Für die hochgezüchteten modernen Rinderrassen sind Dehesas wiederum ungeeignet, weil diese Tiere mehr Futter benötigen, als eine Dehesa hergibt. Sie werden deshalb auf kleineren Flächen gehalten, wo man sie leichter mit zusätzlicher Nahrung versorgen kann, die zudem auch noch importiert werden muss.

Und last but not least berufen sich die Anhänger des Stierkampfs auf eine Studie, die besagt, dass die hohe Ausschüttung von Endorphinen während des Kampfgeschehens das Schmerzempfinden der Tiere erheblich senkt. Gut gewappnet mit all diesen Argumenten werden die Machos also weiterhin in die Arenen ziehen, auch wenn die Proteste der Tierschützer immer lauter erschallen.

Nur Machos? Keineswegs! Schon Annie Oakley aus Irving Berlins Musical „Annie Get Your Gun" wusste schließlich: „Anything you can do, I can do better!" Seit 1968 treten auch weibliche Matadore ins staubige Rund der Arena, eine der bekanntesten ist die 1972 geborene Cristina Sánchez. Doch aller Emanzipation zum Trotz bleibt der Stierkampf im Wesentlichen eine Männerdomäne. Die Zurückhaltung der spanischen Frauen kann ich in diesem Fall sehr gut nachvollziehen.

Tortilla

Zutaten für 4 Personen:

500 g Kartoffeln (festkochend)
6 Eier
2 rote Zwiebeln
Olivenöl
Pfeffer und Salz

Zubereitung:

Die Kartoffeln schälen, längs halbieren und in dünne Scheiben schneiden. Die Zwiebeln schälen und klein würfeln. In einer Pfanne reichlich Olivenöl erhitzen und die Kartoffeln darin bei mittlerer Hitze ca. 15–20 Minuten ringsum braten, bis sie gar sind. Mit dem Schaumlöffel herausnehmen und beiseitestellen. Nun die Zwiebeln in die Pfanne geben und 5 Minuten braten, dann ebenfalls mit dem Schaumlöffel herausnehmen und zu den Kartoffeln geben. Das Olivenöl aus der Pfanne entfernen.

Die Eier in einer Schüssel verquirlen und kräftig mit Salz und Pfeffer würzen. Die Zwiebeln und Kartoffeln hinzugeben, alles gut vermischen und ein paar Minuten durchziehen lassen.

Nun ca. 3 El Olivenöl in der Pfanne stark erhitzen und die Tortillamasse hineingeben. Auf mittlere Hitze reduzieren und ca. 2 Minuten lang schmoren lassen, aber nicht mit dem Deckel abdecken, damit die Eier nicht zu schnell stocken. Jetzt die Tortilla vorsichtig auf einen Teller oder auf den Pfannendeckel gleiten lassen und wenden. Noch einmal 2 Minuten braten lassen, dann in Stücke schneiden und servieren. Die Tortilla soll innen noch etwas flüssig sein. Dazu Salat oder Weißbrot reichen. In kleineren Portionen eignet sie sich als Tapa.

Nach Geschmack kann man zur Tortilla auch noch Gemüse, z. B. Paprika, oder Wurststückchen hinzugeben. In Katalonien ist die Variante mit viel Knoblauch beliebt. Ursprünglich soll die Tortilla von einer Bäuerin in der Provinz Navarra erfunden worden sein, als sie gezwungen war, während eines Krieges eine Kompanie Soldaten zu beköstigen. In ihrer Bodega befanden sich nur noch Kartoffeln, Zwiebeln, Eier und Olivenöl, da machte sie kurzerhand das Beste daraus.

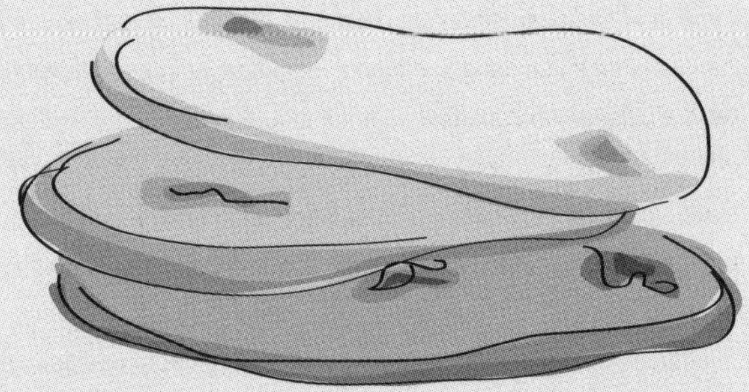

Stadt der Künstler – ein Streifzug durch Barcelona

Wir stehen vor dem Palau Nacional, das ist ein Palast auf dem Montjuïc, einem der beiden Hausberge von Barcelona. Der zur Stadt hin abfallende Hang ist repräsentativ gestaltet, mit Freitreppen, Statuen und wuchtigen Säulen. Vorbei an einem gewaltigen Brunnen führen die Wege zu einem imposanten Boulevard, der allerdings zumindest aus unserer Perspektive so breit wie kurz erscheint. Im Hintergrund erheben sich die Gebäude der Stadt wie ein chaotisches Gewirr in recht dumpfen Farben. Denn wir haben bei diesem Besuch einen trüben Novembermorgen erwischt, Diesigkeit hängt träge in der Luft und verschleiert die sonst so heiter und lebensfroh erstrahlende Stadt.

Gleich in ihrem Vordergrund sehen wir Las Arenas, eine der Stierkampfarenen von Barcelona, und mit leichtem Schaudern denke ich an all das Blut, das hier floss. Doch Stierkampf ist nicht die Sache der Barceloner. Deshalb fand auch in La Monumental, der größten Arena der Stadt, 2011 der letzte Stierkampf statt. Schon zuvor diente jene Arena Konzertveranstaltungen, und das wird zukünftig wohl ihre ausschließliche Bestimmung sein. Auch wenn die Presse vor ein paar Jahren kolportierte, der Emir von Katar plane, La Monumental zu kaufen und zu einer der größten Moscheen der Welt umzufunktionieren.

Las Arenas, die Arena zu unseren Füßen, eröffnete im Jahr 1900, stellte den Kampfbetrieb aber sogar schon 1977 ein. Auch hier traten Musiker auf, doch angesichts der kategorischen Ablehnung des Stierkampfs, die hier in Barcelona herrscht, entschloss man sich zu einer noch weitergehenden Zweckentfremdung. Seit 2011 beherbergt die Arena deshalb ein großes Shoppingcenter mit Läden, Restaurants, Bars, Kinos und Veranstaltungshalle.

Mit dem Umbau setzten die Barcelonès, wie sich die Einwohner der Stadt nennen, auch ein symbolisches Zeichen. Barcelona ist die Hauptstadt der selbstbewussten Region Katalonien, neben Spanisch gilt hier Katalanisch als Amtssprache. Mehr als 12 Millionen Menschen sprechen es oder können es zumindest verstehen. Wie Spanisch zählt es zu den romanischen Sprachen, unterscheidet sich in Vokabular und Grammatik aber erheblich. Während des Franco-Regimes wurde die Sprache unterdrückt, was die Katalanen als empfindlichen Eingriff in ihre Selbstbestimmtheit empfanden. Seit die verhasste Diktatur zu Ende ging und die Demokratie größere Freiheiten ermöglicht, fordern die Katalanen mit Nachdruck ihr Recht auf Autonomie ein, inzwischen vielfach sogar die völlige Unabhängigkeit vom spanischen Staat. Der Stierkampf gilt der Mehrzahl der Katalanen als Attribut spanischer, aber eben nicht katalanischer Kultur, und deshalb als Sinnbild für die Unterdrückung ihrer Region. Die Abschaffung des Stierkampfs ist aus diesem Grund auch ein politisches Statement.

Mein Blick fällt auf die Statue einer Frau, die wie hingegossen über der Freitreppe ruht und tief in Gedanken versunken scheint. Doch sie ist aus Stein, Freiheitsbestrebungen der Menschen interessieren sie nicht, und auch nicht die Tauben, die auf ihrem Haupt und ihren Schultern Platz genommen haben. Aufmerksam spähen sie auf Treppen und Wege, ihr Augenmerk gilt Touristen wie uns, die vielleicht ein Krümlein ihres Proviants fallen lassen. Die Treppenanlage am Montjuïc wird viel frequentiert, und das nicht nur, weil sich hier ein schönes Panorama auf die Stadt eröffnet.

Der große Brunnen zu Füßen der Treppen heißt Font Màgica, „magischer Brunnen". Allabendlich hebt er zu einer Licht- und Wassershow an, untermalt von Musik. Der Tanz aus Licht und Wasser vor dem Hintergrund beleuchteter Kaskaden ist ein beeindruckendes Spektakel. Würdevoll erhebt sich darüber der Palau Nacional, der genau wie Brunnen und Treppenanlage anlässlich der Weltausstellung im Jahr 1929 entstand. Er beherbergt an die 260.000 Kunstwerke und ist damit Barcelonas größtes Museum. Auch der Pavillon Mies van der Rohe, der sich auf dem Montjuïc befindet, ist ein Zeuge dieser Weltausstellung. Er entstand als Beitrag Deutschlands und gilt mit seinen klaren Linien im Bauhausstil als Meilenstein in der Geschichte der modernen Architektur.

Außerdem liegt auf dem Montjuïc das Olympiastadion, in dem die Sommerspiele 1992 ausgetragen wurden. Eben noch sind wir daran vorbeigefahren, und deshalb klingt mir schon wieder Musik in den Ohren, während mein Blick weiter über die morgendliche Stadt schweift. Das Lied „Barcelona" aus dem gleichnamigen Album, zu dem sich Freddy Mercury und die große Sopranistin Montserrat Caballé zusammenfanden, entstand zwar nicht anlässlich der Olympischen Spiele, avancierte aber zu deren Hymne. Zum geplanten Auftritt der beiden Stars während der Eröffnungszeremonie kam es nicht mehr, weil Freddy Mercury im November des vorhergegangenen Jahres starb.

Das Duett der beiden ist getragen von ihren außerordentlichen Stimmen und deren faszinierender Ausstrahlung. Montserrat Caballé ist eine Tochter der Stadt Barcelona und gehörte mit mehr als 4.000 Auftritten zu einer der ganz großen Operndiven ihrer Zeit. Sie galt als Königin des Belcanto, virtuos beherrschte sie die halsbrecherischsten Koloraturen. Doch Dünkel oder Berührungsängste lagen ihr fern. Deshalb ging die Initiative zur Zusammenarbeit mit Mercury auch von ihr aus. Zufällig hatte sie ein Radiointerview mit dem Leadsänger der Rockgruppe Queen mitangehört, in dem er auf die Frage, welche Stimme ihn selbst am meisten beeindrucke, ihren Namen nannte. Montserrat Caballé starb 2018 in ihrer Heimatstadt.

Wehmut paart sich mit opernhaftem Pathos, während die Musik weiter in meinem Kopf erklingt. Welch faszinierende Stadt, die so viele Menschen zu großer Kunst inspiriert hat! Schweren Herzens wende ich mich ab, weil wir durch die Parkanlagen auf dem Montjuïc weiterschlendern wollen. Vorbei am Kartografischen Institut, den Museen für Ethnologie und Archäologie sowie dem Griechischen Theater, das ebenfalls für die Weltausstellung entstand und für Konzert- und Theateraufführungen genutzt wird.

Doch unser Ziel ist die Fundació Joan Miró, das dem berühmten katalanischen Maler gewidmete Museum. Auch Joan Miró ist in Barcelona geboren. Wie so viele Künstler seiner Zeit zog es ihn als jungen Mann ins Paris der Zwanzigerjahre und dessen funkensprühende Kunstszene. Hier wurde mit den verschiedensten Ausdrucksformen experimentiert, und Miró fand seinen persönlichen Stil in einem reduzierenden Expressionismus, der sich weicher, oft fließender Formen verbunden mit klaren und kraftvollen Farben bedient. Die fantasievollen Motive und die fröhlich-naive Wirkung seiner Bilder machten Miró zu einem der bekanntesten und beliebtesten Künstler des letzten Jahrhunderts. Das Museum auf dem Montjuïc entstand 1975 auf Anregung Mirós, konzipiert hat es ein mit ihm befreundeter Architekt. Es vereint kubische Formen mit mediterraner Luftigkeit und beherbergt mehr als 10.000 Werke Mirós.

Noch berauscht von Farben und Formen finden wir später unseren Weg zur La Rambla. Das ist die berühmte Flaniermeile Barcelonas, sie wird auch oft im Plural als „Las Ramblas" oder katalanisch als „Les Rambles" bezeichnet. Das liegt daran, dass die Straße, wenn auch nur 1,25 Kilometer lang, so doch in fünf Abschnitte unterteilt ist, die jeweils einen eigenen Namenszusatz haben. Entsprechend summieren sie sich zu fünf Ramblas, obwohl es sich doch eigentlich nur um eine einzige Straße handelt. Ihr Name kommt aus dem Arabischen und heißt „Flussbett". Ursprünglich wälzte sich hier tatsächlich ein Fluss auf dem letzten Stück seines Wegs zum Meer entlang. Doch als im 15. Jahrhundert eine Stadtmauer entstand, leitete man ihn um. Das verwaiste Flussbett entwickelte sich zum Spazierweg, und daraus wurde die Rambla. Denn wo sich ganz von selbst viele Menschen einfinden, bietet man ihnen gerne etwas an, was sie im Vorbeigehen verzehren oder kaufen können. Aus Imbissbuden wurden Restaurants, aus Büdchen Geschäfte, und so bildete sich ganz allmählich eine lebendige Einkaufsstraße heraus. Aber ursprünglich handelte es sich nur um ein einziges Flussbett, also ist es korrekterweise auch nur eine Rambla.

Als wolle es einen roten Faden vom Montjuïc bis hierher spinnen, empfängt uns auf der Pla de l'Os im zentralen Bereich des Boulevards ein Bodenmosaik von Joan Miró. Die für den Meister typischen Formen und Farben beherrschen das acht Meter durchmessende Rund dieses Kunstwerks. Pla de l'Os, das heißt Bärenplatz, und so hat denn auch der Platz seinen Namen von den Bären, die hier früher zur Belustigung der Passanten Tänze aufführen mussten. Bären gibt es nicht mehr, aber noch heute füllen Straßenkünstler, Gaukler und Musiker die Rambla und setzen bunte Akzente in ihrer ohnehin quirligen Atmosphäre.

Eine 60 Meter hohe Kolumbus-Säule eröffnet die Rambla am Hafen. Von dort führt die Straße bis zur Plaça Catalunya, dem ewig brummenden Verkehrsknoten der Innenstadt. Repräsentative Gebäude säumen die Rambla, viele davon historisch, und Schatten spenden hohe Platanen zu beiden Seiten, die die Rambla in eine bildschöne Allee verwandeln. Spaziert man aus Richtung Hafen entlang der Rambla, so nimmt man die verschiedenen Abschnitte durchaus wahr, die sie zu den Ramblas in der Pluralform machen. Den Anfang macht die Rambla de Santa Mònica, und weil sie dem Hafen am nächsten ist, liegt es auf der Hand, dass dieser Teil an ein Vergnügungsviertel erinnert und sich ein leiser Widerschein des nahen Rotlichtviertels in ihm spiegelt. Neben Kiosken, Restaurants und kleinen Läden prägen lebende Statuen und fliegende Kunsthändler diesen Bereich der Ramblas, und wer sich auf die Schnelle porträtieren lassen will, der ist hier richtig.

Weiter geht es mit der Rambla dels Caputxins, die besonders Straßenartisten mit ihren Aktionen in Beschlag nehmen. Auch das größte Opernhaus Barcelonas befindet sich an diesem Abschnitt, das Gran Teatre de Liceu. 1994 geriet es in Brand und wurde fast vollständig zerstört, danach aber mit den nötigen technischen Verbesserungen wiederaufgebaut, wobei man sich weitgehend am Original orientierte. Nach Bayreuth gibt es hier die weltweit meisten Wagner-Inszenierungen, aber auch eine Vielzahl anderer Opern, Balletts, Musicals und Konzerte stehen auf dem Spielplan. Man kann sich im Rahmen von Besichtigungen hinter die Kulissen führen lassen, und ich bedaure es sehr, dass wir heute nicht genug Zeit dafür haben.

Wir stehen derweil noch immer auf dem Bärenplatz, der sich nur einen Steinwurf vom Opernhaus weg befindet. Weiter geht es jetzt mit der Rambla de Sant Josep, wo sich die Blumenhändler konzentrieren. Denn im 19. Jahrhundert war dies der einzige Ort in der Stadt, wo Blumen verkauft werden durften. Daran schließt sich die Rambla dels Estudis an, die so heißt, weil sich hier früher einmal die Universität befand. Außerdem wurden hier lebende Tiere feilgeboten, was inzwischen verboten ist, da das mit einer ziemlichen Tierquälerei verbunden war. Stattdessen gibt es nun jede Menge Eis und Naschwerk zu kaufen. Und darunter leidet ja höchstens die Figur.

Den Abschluss bildet die Rambla de Canaletes, die nach dem Brünnlein benannt ist, das man hier finden kann. Man muss schon aufpassen, um nicht einfach daran vorbeizulaufen, denn es ist eigentlich nur ein gusseiserner Spender mit ein paar Wasserhähnen. Die Legende will aber wissen, dass man nach Barcelona zurückkehrt, wenn man daraus trinkt. Außerdem feiern an dieser Stelle die Fans des FC Barcelona, wenn ihr Verein mal wieder gesiegt hat. Gegenüber vom Brünnlein hatte nämlich früher die Redaktion einer Sportzeitung ihren Sitz, weshalb die Ergebnisse hier brandaktuell verkündet wurden. Die Redaktion wich, aber die Fans blieben. Sehr praktisch, wie ich finde. Können sie ihre Freude an diesem Ort doch gleich mit reichlich Wasser begießen!

Noch immer haben wir uns nicht von Mirós Mosaik auf dem Bärenplatz wegbewegt. Wir können uns einfach nicht entscheiden, in welche Richtung wir uns zuerst wenden sollen. Während meine Blicke suchend durch die Umgebung schweifen – ich muss nämlich mal wieder eine Postkarte für meine Großtante finden – tippt mein Mann mir auf die Schulter und weist ein Stück weiter die Rambla de Sant Josep entlang. Dort tummeln sich sehr viele Menschen, da muss wohl etwas

Besonderes los sein, und deshalb entschließen wir uns, der Sache auf den Grund zu gehen.

Bunte Marktstände, die von allerhand Lebensmitteln schier überquellen, leiten zu einem Jugendstilportal, welches uns verrät, dass wir uns hier am Eingang zum Mercat de la Boqueria befinden. Sofort ist meine Aufmerksamkeit gefesselt. Denn hinter dem Eingang öffnet sich eine Markthalle, prall gefüllt mit Aromen, Farben und den verführerischsten Spezialitäten. Ich weiß gar nicht, wohin ich zuerst schauen soll, zumal das auch gar nicht so einfach ist. Denn in allererster Linie gibt es hier Menschen. Dicht an dicht drängen sie sich durch die Gänge. Hat man sich einmal in ihren Strom eingefädelt, schlüpft man so schnell nicht wieder daraus hervor.

Mein Mann will schon resignieren, doch ich möchte unbedingt noch Eindrücke sammeln. Und etwas Turrón für meine Freundin Irina kaufen, denn das mag sie so gerne. Turrón ist die spanische Variante einer ursprünglich arabischen Leckerei, die von den Mauren mit ins Land gebracht wurde. Hier in Barcelona heißt sie „torró", und in der Grundform besteht sie aus Mandeln, Honig, Zucker und Eiweiß. Eine ganz schön süße Sache also.

Wie kunstvolles Zuckerwerk erscheinen auch die Bauwerke des Künstlers, der heute vielleicht die meisten Besucher in Kataloniens Hauptstadt lockt: Antoni Gaudí. Höchste Zeit also, dass wir uns auf den Weg machen und seinen Spuren folgen.

Turrón – spanischer Nougat

Zutaten:

650 g geschälte Mandeln
400 g Puderzucker
100 g Honig
3 Eiweiß
10 eckige Oblaten
Salz

Zubereitung:

Die Eiweiße mit einer Prise Salz zu sehr festem Eischnee schlagen. Die Mandeln in einer Pfanne ohne Fett goldbraun rösten. Die 20 schönsten Exemplare auswählen, den Rest mahlen.

Den Honig im Wasserbad erhitzen, bis er flüssig ist. Die gemahlenen Mandeln, die ganzen Mandeln und den Puderzucker in einer Schüssel verrühren, den Honig hinzufließen lassen und alles kräftig miteinander vermischen. Zum Schluss den Eischnee unterheben.

Die Masse auf der Hälfte der Oblaten verteilen und mit der anderen Hälfte abdecken, vorsichtig andrücken. 10 Tage lang mit einem Tuch abgedeckt an einem kühlen Ort (aber nicht im Kühlschrank) trocken lassen, danach in Streifen schneiden und genießen.

Neben dieser ursprünglichen Form des Turrón gibt es die unterschiedlichsten Varianten, zum Beispiel mit Haselnüssen, kandierten Früchten, Schokolade, Eigelb, Kokos oder Sahne.

Genie im Bettelgewand – Antoni Gaudí

Entsetzen packte den Straßenbahnfahrer und er riss die Notbremse. Sein schlimmster Albtraum war Wirklichkeit geworden, er hatte einen Menschen erfasst. Schon strömten Passanten herbei und beugten sich über den Verletzten, der bewegungslos am Boden lag. Hatte er ihn getötet?

Kreidebleich verließ er die Bahn und trat zögernd zum Kreis der Menschen, der sich gebildet hatte. Das Opfer war ein alter Mann, schwere Verletzungen konnte man nicht erkennen. Zumindest nicht auf den ersten Blick. Was hingegen auffiel, waren der schäbige Aufzug und der ungepflegte Zustand des Mannes. Die Kleidung abgetragen, schmutzig und viel zu weit für den mageren Körper. Das Gesicht von ungesundem Grau, durchzogen von tiefen Furchen, die Wangen eingefallen, der Bart struppig, das fast weiße Haar ungekämmt und viel zu lang. „Ein Obdachloser, ein Clochard", tuschelte man in der immer größer werdenden Menge der Schaulustigen. „Nur ein Pennbruder", bemerkte jemand laut und wandte sich ab. Ein Polizist in Zivil, der zufällig vorbeikam, begann, die Taschen des Bewusstlosen zu durchsuchen. „Er muss doch Papiere haben", kommentierte er sein Tun. Doch nichts. Alle Taschen des Mannes waren ausnahmslos leer. Der Beamte richtete sich auf. „Tja", bestätigte er den Verdacht der Umstehenden, „ganz offensichtlich ein Stadtstreicher. Aber er atmet. Warten wir eine Weile, bestimmt wird er wieder zu sich kommen." Den Straßenbahnfahrer wies er zur Weiterfahrt an.

Der Polizist blieb bei dem Alten. Doch dessen Zustand änderte sich nicht. Fieberhaft überlegte der Beamte, was zu tun sei. Einen Nothelfer oder gar einen Arzt herbeirufen? Wer würde die Rechnung bezahlen? Erst als sich nach langem Warten noch immer keine Verbesserung andeutete, fasste er einen Entschluss. Er würde den Alten mit dem Taxi zum Hospital de la Santa Creu bringen lassen. Dem Armenhospital, dort würde man dem Unfallopfer die nötigste Versorgung zuteilwerden lassen, auch ohne eine Bezahlung zu fordern.

„Aussichtslos", murmelte der Arzt nach einer ersten Untersuchung. „Der Mann hat innere Verletzungen, da können wir nichts tun." Inzwischen hatte der Alte die Augen geöffnet, doch er sprach kein Wort. Man trug ihn in einen Krankensaal und bettete ihn auf eine Pritsche in der Ecke. Hier würde er in Ruhe sterben können.

Am nächsten Tag forderte ein aufgeregter Priester Einlass ins Armenhospital. „Ich suche meinen Freund", brachte er atemlos hervor, „er wollte gestern seinen Beichtvater im Oratorium des heiligen Philipp Neri aufsuchen, aber er ist nie dort angekommen! Und auch in seine Werkstatt ist er nicht zurückgekehrt, dort wohnt er aber! Es muss ihm etwas zugestoßen sein!" Man gestattete ihm, den namenlosen Sterbenden anzusehen, der am Vortag eingeliefert worden war. Eine Krankenschwester führte ihn zu dessen Lager. „Mein Gott!" Der Priester stöhnte auf. „Das ist er! Antoni Gaudí!" Die Schwester erblasste. „Was?", rief sie erschüttert, „etwa der Antoni Gaudí?"

Der Priester antwortete nicht. „Antoni, um Gottes Willen! Ich werde dich in eine bessere Klinik bringen, wo man dir helfen wird!" Müde öffnete der Alte die Augen, ein Lächeln huschte über sein Gesicht. „Mein Platz ist hier, unter den

Armen“, flüsterte er mit schwacher Stimme. Zwei Tage später war er tot. Man schrieb den 10. Juni 1926.

Was war geschehen? Wie konnte der gefeierte Architekt auf diese Art sterben?

Sein ganzes Leben blieb Gaudí ein Außenseiter. Wer ihn nicht kannte, beschrieb ihn als abweisend, mitunter sogar rüpelhaft. Seine Freunde hingegen kannten ihn als freundlichen und warmherzigen Menschen. Der Grund dieser Diskrepanz fand sich vielleicht in Gaudís Schüchternheit und Menschenscheu, die in seiner ungewöhnlichen Kindheit wurzelten.

Antoni Gaudí wurde im Juni 1852 geboren. Es lässt sich nicht mehr feststellen, ob sein Geburtsort in der katalanischen Stadt Reus lag oder vielmehr in der fünf Kilometer davon entfernten Gemeinde Riudoms. Biografen streiten sich über dieses Thema, weil es keine gesicherten Angaben gibt, sondern nur unterschiedliche Aussagen verschiedener Personen. Gaudí selbst sowie die Tochter seiner Hebamme gaben das Landhaus Mas de la Calderera in Riudoms als Geburtsstätte an. Dieses Anwesen gehörte Gaudís Eltern, die aber auch ein Haus in Reus besaßen. Ich weiß nicht, ob die Klärung dieser Frage wirklich wichtig ist. Tatsache ist aber, dass die Familie in Riudoms Obst und Gemüse zog, außerdem Hühner und Kaninchen hielt. Gaudís Mutter sei deshalb selbst hochschwanger noch täglich zu Fuß dorthin marschiert, so heißt es. Die Geburt setzte plötzlich ein, doch sie erwies sich als langwierig und kompliziert, das Neugeborene zudem als äußerst schwächlich. Deshalb wurde es noch am Tag seiner Geburt nach Reus gebracht, wo es die Taufe erhielt.

Beides sollte sich als wesentliche Weichenstellung für Gaudís späteres Leben erweisen: das Landgut mit Garten und Tieren wie auch seine schwächliche Konstitution. Letztere zog es nach sich, dass er als Kind oft erkrankte. Außerdem machten ihm schon früh heftige rheumatische Beschwerden zu schaffen, die er zeitlebens nicht mehr loswerden sollte. Eine sorgenfreie Kindheit, das Spielen und Herumtollen mit anderen Kindern blieben ihm verwehrt, und das, obwohl seine vier Geschwister gesund und fröhlich waren. Oft musste er sogar dem Unterricht fernbleiben. Damit wurden wohl die Wurzeln für seine späteren Selbstzweifel und seine Zurückhaltung gegenüber anderen Menschen gelegt.

Auf der anderen Seite führte sein angeschlagener Zustand dazu, dass er sich schon früh mit gesundheitsfördernden Maßnahmen auseinandersetzen musste. Er unternahm ausgedehnte Spaziergänge, wurde zum Anhänger des Naturheilkundlers Sebastian Kneipp und zudem auf ärztlichen Rat hin schon als Kind zum Vegetarier. Die ungewöhnlichen Rahmenbedingungen zogen aber noch andere Folgen nach sich. Denn irgendwie musste der Junge sich ja beschäftigen, also begann er, viele Stunden mit der Beobachtung der Natur zu verbringen. Und dazu bot sich auf dem Landgut reichlich Gelegenheit. Er studierte Tiere genauso wie Pflanzen und Steine.

Hinzu kam, dass seine Familie schon seit mehr als fünf Generationen eine Kesselschmiede betrieb. Hier beobachtete der heranwachsende Gaudí die Entstehung von Formen, aber auch die geometrischen Aspekte hinsichtlich Gestalt und Volumen, die bei der Entwicklung eines Gefäßes aus Kupferblech zu bedenken sind. Diese Zusammenhänge führten einerseits dazu, dass er sich von klein auf mit dreidimensionalem Denken vertraut machte, andererseits faszinierten ihn die Möglichkeiten des Designs. Die prägenden Einflüsse aus Schmiede und Naturbetrachtungen sollten in seinem späteren Schaffen miteinander verschmelzen.

Schon in der Schule fiel er durch sein Zeichentalent auf. 1873 begann er ein Architekturstudium in Barcelona, das er fünf Jahre später zum Abschluss brachte. Allerdings nur mit Ach und Krach. Mit seinen Zensuren konnte er nicht gerade glänzen, der Entwurf für eine Universitätsaula in seiner Abschlussarbeit erhielt nur hauchdünn die Bewertung „bestanden". Kein Wunder, denn Gaudí zeigte von Anfang an keinerlei Ambitionen, sich den Gepflogenheiten des architektonischen Mainstreams zu unterwerfen. „Wer weiß, ob wir das Diplom einem Verrückten oder einem Genie gegeben haben – nur die Zeit wird es uns sagen", resümierte der Institutsleiter.

Gaudí lebte seine Eigenwilligkeit unbeirrt aus, obwohl seine Zeit als junger Erwachsener nicht nur von der mangelnden Anerkennung seines Schaffens getrübt wurde. 1876 starb seine Mutter im Alter von 57 Jahren, noch im gleichen Jahr auch sein 25-jähriger Bruder, der gerade erst seine ärztliche Approbation erhalten hatte. Trotz all seines Kummers verliebte sich Gaudí in eine Lehrerin, die seine Gefühle jedoch nicht erwiderte. Darüber verzweifelte er so sehr, dass er beschloss, fortan in selbstauferlegtem Zölibat zu leben, sein Leben nichts als der Arbeit und seinem tiefen Glauben zu widmen. Er entwickelte einen Hang zur Askese, den er durch Phasen exzessiven Fastens auf die Spitze trieb. Mehrfach sollte das zu einem bedrohlichen Gesundheitszustand führen.

Wer weiß, was aus Gaudí geworden wäre, hätte er nicht auf der Pariser Weltausstellung von 1878 den katalanischen Industriellen Eusebi Güell kennengelernt. Gaudí zeigte auf dieser Ausstellung ein Schaufenster, das er für einen Handschuhmacher dekoriert hatte. Güell gefiel diese Arbeit, aber auch Gaudí selbst beeindruckte ihn. Die beiden freundeten sich an, und der wohlhabende Güell versorgte Gaudí fortan mit lukrativen Bauaufträgen. Zudem eröffnete er dem jungen Architekten die Möglichkeit, seine künstlerische Kreativität auszuleben.

So entstanden herausragende und für die Zeit äußerst gewagte Bauwerke wie die Bodegas Güell, ein Weinkeller im Badeort Sitges an der katalanischen Küste, der Palau Güell in Barcelona als Wohnsitz des Auftraggebers oder später der fantastische Park Güell in Barcelona, eine höchst fantasievolle Sinfonie aus Formen und Farben, wo Gaudís schwungvoll geformte Bauelemente eine harmonische Symbiose mit der Natur eingehen. Kein Wunder, dass der Park Güell zu den meistbesuchten Attraktionen der katalanischen Hauptstadt zählt.

Gegen den Park Güell kann nur ein einziges Bauwerk ankommen: die Sagrada Família. Dass diese Kirche zu Weltruhm kommen würde, ist im Grunde dem Zufall zu verdanken. Denn die Idee zum Kirchenbau wurde schon 1866 vom Besitzer einer christlichen Buchhandlung geboren, der auf einer Italienreise die dortigen Kathedralen bewundert hatte. So etwas sollte seine Heimatstadt Barcelona auch bekommen, beschloss er und gründete einen durch Spenden finanzierten Verein, um sein Vorhaben in die Tat umzusetzen. Der Bauauftrag ging an den Architekten der Diözese. Und dieser entwarf eine ganz konventionelle Kirche nach dem Geschmack seiner Zeit. 1882 erfolgte die Grundsteinlegung.

Doch schon ein Jahr später kam es zum Zerwürfnis zwischen dem Architekten und der Bauleitung, wütend warf der Architekt die Arbeit hin. Nun trug man dem Statiker die Fortführung des Projekts an, doch der lehnte ab, weil er an dem Streit nicht ganz unbeteiligt gewesen war. An seiner statt empfahl er einen jungen Mitarbeiter aus seinem Büro: Antoni Gaudí. Und Gaudí fand seine große Berufung. Zeitlebens wirkte er an dieser Kirche, die zur Kathedrale werden sollte und der er seine letzten Jahre vollständig widmete. Dies war die Zeit, als er sogar in die Werkstatt der Sagrada Família einzog. Die Fertigstellung seines Hauptwerks sollte er jedoch nicht mehr erleben. Weil der Kirchenbau allein durch Spenden finanziert wurde, kam es immer wieder zu langen Verzögerungen. Noch jetzt im Jahr 2020, während ich diese Zeilen schreibe, umringen Baukräne die Kathedrale, und erhebliche Teile sind noch gar nicht gebaut. Dennoch soll die Sagrada Família schon in den nächsten Jahren endlich fertig werden.

Was die ohnehin komplexe Arbeit erschwert, ist der fehlende Bauplan für das gesamte Projekt. Zu Gaudís Arbeitsweise gehörte nämlich nicht nur die Erschaffung organischer Formen, vielmehr unterlag die gesamte Ausführung einem lebendigen Prozess. Alle, die das Werk an der Sagrada Família nach ihm fortführten, waren und sind daher zumindest teilweise auf Spekulationen angewiesen und auf ihre Vorstellung dessen, was Gaudí wohl beabsichtigt hätte.

Denn ein Bauwerk Gaudís entwickelte sich erst während seiner Fertigstellung, unterlag ständigen Anpassungen, Änderungen und Neuentwürfen. Dabei entfaltete er seine unverwechselbare und völlig innovative Formsprache, die nicht nur Elemente früherer Baustile wie der Gotik mit dem damals zeitgemäßen Jugendstil verbindet, sondern vor allem von der Dynamik des Lebendigen skizziert ist. Fließende Formen, himmelstürmende Spitzen, unregelmäßige Grundrisse, farbige Elemente aus Mosaiken, Glaskunst und Keramik, gusseiserne Ornamentik und immer wieder das Spiel mit dem Unerwarteten und Überraschenden kennzeichnen seine Baukunst, die als „Modernisme“ in die Architekturgeschichte einzog und viele andere Baumeister beeinflussen sollte.

Sieben Werke Gaudís in und um Barcelona sind von der UNESCO als Weltkulturerbe ausgezeichnet worden. Dazu zählen neben Park und Kathedrale mehrere exzentrische Stadthäuser sowie eine Krypta in der 15 Kilometer entfernten Stadt Santa Coloma de Cervelló.

Nach Gaudís Tod im Juni 1926 fiel ganz Barcelona in tiefe Trauer. Denn inzwischen genoss er nicht nur enormen Ruhm, sondern wurde auch hoch verehrt. Schenkte er der Stadt doch Objekte von nie zuvor gekannter Schönheit und Pracht. Tausende gaben ihm das letzte Geleit, als er in der Krypta der Sagrada Família beigesetzt wurde. Im Jahr 2000 leitete die katholische Kirche sein Seligsprechungsverfahren ein. Als überzeugten Christen hätte ihn das vielleicht gefreut. Vermutlich wäre es ihm aber eher unangenehm gewesen. Denn Antoni Gaudí war vor allen Dingen ein äußerst bescheidener Mensch, stets darauf bedacht, Großes zu bewirken und dabei selbst im Hintergrund zu bleiben.

Crema catalana – katalanische Creme

Zutaten für 4 Personen:

600 ml Milch
100 ml Sahne
6 Eigelb
180 g Zucker
40 g Speisestärke
die dünn abgeriebene Schale einer unbehandelten Zitrone
40 g Butter
1 Zimtstange

Zubereitung:

Die Butter in einem Topf bei mittlerer Hitze zerlassen und 50 g Zucker hinzugeben. Alles so lange mit der Butter verrühren, bis der Zucker gleichmäßig gebräunt ist. Vom Herd nehmen und kurz abkühlen lassen, dann die Sahne unterrühren und die Sauce auf dem Boden von 4 Dessertschälchen verteilen.

100 ml Milch mit der Speisestärke in einen Schüttelbecher geben und klumpenfrei vermischen. Die Eigelbe mit 50 g Zucker in eine Schüssel geben und schaumig schlagen. Die Stärkemilch hinzugeben und gut unterrühren.

Die restliche Milch mit der Zitronenschale und der Zimtstange in einen Topf füllen und kurz aufkochen. Abkühlen lassen, bis die Milch nur noch lauwarm ist, dann die Zimtstange entfernen. Die Milch nun zu der Eigelbmischung geben, dabei mit dem Schneebesen kräftig rühren. Alles zurück in den Topf gießen und unter ständigem Rühren bei mittlerer Temperatur erhitzen, bis die Masse zu einer Creme eingedickt ist. Dabei aber nicht aufkochen lassen.

Die Creme auf der Sauce in den 4 Dessertschälchen verteilen und vollständig abkühlen lassen. Vor dem Servieren mit dem restlichen Zucker bestreuen und diesen mit dem Handgasbrenner (Crème-brûlée-Brenner) karamellisieren.

Die Karamellsauce am Boden des Dessertschälchens ist ein zusätzliches Schmankerl bei dieser katalanischen Spezialität. Wer möchte, kann sie auch weglassen. Unabdingbar ist aber die Kruste aus karamellisiertem Zucker oben auf der Creme.

Was macht der Hund vor dem UFO? – Bilbao

Ich mag Hunde. Das haben Sie sich sicher schon gedacht, weil ich von den Hundekarten erzählt habe, die meine Freundin und ich seit der Kindheit austauschen. Doch auch die Kunst liegt mir am Herzen. Gaudís Werke haben mich deshalb wirklich fasziniert.

Nun, da sich beides – Hund und Kunst – miteinander vereint, müsste ich also hochzufrieden sein. Und trotzdem stehe ich etwas ratlos vor dem monströsen Hundewelpen, der sich vor dem Guggenheim-Museum in Bilbao aufgebaut hat. Er nimmt mich so gefangen, dass ich das dahinterliegende Gebäude ganz aus dem Fokus verliere. Und dabei bin ich doch genau deshalb angereist, wegen dieses silbernen Gebildes, das am Ufer des Flusses Nervión emporrankt, als sei es ein bei der Landung havariertes UFO. Futuristisch, spektakulär. Doch nun erhebt sich da dieser Hundewelpe …

Er ist gigantisch, stolze 12,40 Meter hoch. Deshalb ist er auch nicht etwa niedlich, nein, er wirkt ziemlich konturlos und aufgedunsen, was damit zusammenhängen mag, dass er über und über mit bunten Blumen bedeckt ist. Der Welpe ist nämlich bepflanzt. Er besteht aus einem Skelett aus Edelstahl, das mit Erde gefüllt ist und mehrmals jährlich, je nach Jahreszeit, neu bepflanzt wird – mit sagenhaften 17.000 Blütenpflanzen. Entsprechend ändert er sein Erscheinungsbild, und man könnte sagen, dass er beständig wächst. Zumindest, was sein Fell anbelangt.

Es handelt sich, so habe ich gelesen, um einen West Highland Terrier. Ehrlich gesagt wäre ich von selbst nicht darauf gekommen. Kein Wunder, ist der große Kleine doch auch arg entfremdet. Sein Schöpfer ist kein Geringerer als Jeff Koons, der Meister der Gratwanderung zwischen Kunst und Kitsch, der sich nicht scheut, diesen Grat immer wieder auf provokante Weise in Richtung Kitsch zu überschreiten. „Puppy", also „Welpe", heißt das Werk vor dem Guggenheim-Museum, und ich denke, es ist ganz im Sinne des Künstlers, wenn jeder Betrachter für sich selbst entscheidet, ob es sich dabei nun um Kunst oder Kitsch oder beides handelt. So möchte auch ich diese Entscheidung ganz Ihnen überlassen. Und ich selbst? Nun, ich bin ja eigentlich wegen des Museums gekommen. Besonders das Gebäude interessiert mich, seit Jahren habe ich davon geträumt, es einmal zu besuchen. Genauer gesagt, seit es im Oktober 1997 mit großem Bahnhof im Beisein des Königs eröffnet wurde.

Es ist ein wirklich faszinierendes Konstrukt, wie es sich da unter dem grellblauen baskischen Himmel windet, ringelt, streckt und derweil glitzert, als sei es aus den Sternen gefallen. Als „Dekonstruktivismus" bezeichnet man diesen Baustil, der sich seit den Achtzigerjahren des letzten Jahrhunderts entwickelt hat und von der Loslösung stringenter Bauformen hin zu einer extravaganten Aneinanderreihung geometrischer Formen gekennzeichnet ist. Die Unregelmäßigkeit der Gestalt des Gebäudes ist es, die besondere Aufmerksamkeit erregt, seine scheinbar völlig willkürliche Komposition, bei der Ecken und Kanten zu Bögen und Kreisen verschwimmen, sich in schief versetzten Ebenen wiederfinden oder auf aberwitzige Art mit der Schwerkraft zu spielen scheinen. Das Guggenheim-Museum von Bilbao, ein fließendes Konglomerat aus Glas, Stein und Titan, gilt als herausragendes Beispiel dieser architektonischen Kunstform.

Entworfen hat es Frank Owen Gehry, ein in Toronto geborener Architekt, der mit dem renommierten Pritzker-Preis ausgezeichnet wurde. Es dauerte nur vier Jahre, das Museumsgebäude fertigzustellen, allein das ist in der heutigen Zeit ja schon bemerkenswert. Ob die ursprünglich veranschlagten Baukosten dabei überzogen wurden, entzieht sich meiner Kenntnis, aber wenn es so wäre, würde wohl kaum jemand in Bilbao das heute noch kritisieren. Denn der aufsehenerregende Bau brachte einen bemerkenswerten Effekt hervor, so auffällig und eminent, dass er als „Bilbao-Effekt" in die Stadtentwicklungslehre eingegangen ist. Bilbao hat nämlich seit der Fertigstellung des Museums geradezu dramatische Veränderungen erfahren.

Das ist weniger den Kunstobjekten zu verdanken, die im Museum präsentiert werden. Es handelt sich weitestgehend um zeitgenössische Artefakte des 20. Jahrhunderts, gezeigt werden wechselnde Ausstellungen, wobei der Schwerpunkt auf Installationen und Videokunst liegt. Aber auch Werke Albrecht Dürers waren im Rahmen einer Sonderausstellung schon einmal hier zu sehen. Jahr für Jahr kommen eine Million Besucher, jedoch, da muss man der Wahrheit wohl die Ehre geben, meist weniger wegen der dargebotenen Objekte, als vielmehr um das einzigartige Gebäude zu bestaunen und dessen nicht minder faszinierendes Innenleben zu erforschen. Es ist eine Perle der Architekturkunst. Und deshalb wirkt es wie ein Magnet. Genau diese Anziehungskraft ist es, die den Bilbao-Effekt verursacht hat.

Kaum jemand erinnert sich hier gerne an die Zeit vor der Eröffnung des Guggenheim-Museums. Bilbao liegt im Baskenland und ist dessen wichtigste Industrie- und Hafenstadt. Und zwar, obwohl der Golf von Biskaya rund 16 Kilometer vom Zentrum entfernt ist, Bilbao also ein ganzes Stück landeinwärts liegt. Doch kurz vor der Stadt vereinen sich die Flüsse Nervión und Ibaizabal zur Ría de Bilbao. Die Mündungsform der „Ría" ist typisch für die spanische Atlantikküste. Dabei handelt es sich um eine fjordartige Einkerbung in die umliegenden Berge, nur dass für deren Entstehung nicht wie in Europas Norden eiszeitliche Gletscher, sondern vielmehr wasserreiche Flüsse verantwortlich zeichnen. Ihren jeweiligen Mündungsbereich haben diese Flüsse zu einer tief ins Landesinnere hineinreichenden Bucht ausgeschwemmt, in der sich Fluss- und Meerwasser vermischen. Und natürlich lässt sich eine solche Ría auch nutzen, um in sicherer Entfernung von der Küste einen sturmgeschützten Hafen anzulegen.

Diesen Vorteil erkannte der in der Region ansässige Graf von Vizcaya und erklärte im Juni 1300 die Gründung einer Hafenstadt an der Ría der Flüsse Nervión und Ibaizabal. Schon zuvor befand sich hier ein von Bauern, Seeleuten und Eisenschmieden bewohntes Dorf, das wiederum aus einer römischen Siedlung hervorgegangen war. Denn die reichen Vorkommen von Eisenerz in den nahen Bergen wurden schon seit der Antike genutzt. Dieses Eisenerz sollte nun auch dem neuen Hafen Aufschwung verleihen. Darüber hinaus bot er sich für die Verschiffung kastilischer Produkte in die Länder Nordeuropas an, war er doch weitaus sicherer als die Häfen, die direkt an der Küste des wilden Atlantiks lagen.

Dieser zweite Teil des gräflichen Plans sollte schnell aufgehen, Bilbao entwickelte sich zu einem florierenden Handelshafen. Mit dem Aufschwung der Eisenindustrie haperte es allerdings etwas, obwohl Eisen aus Bilbao sogar in die Weltliteratur Einzug hielt. Shakespeare erwähnt in seinem „Hamlet" sogenannte „bilboes“, was allerdings insofern weniger rühmlich ist, als damit Eisenstangen gemeint sind, an denen man renitente Matrosen zur Strafe festkettete.

Erst gegen Ende des 19. Jahrhunderts begannen die Eisenhütten Bilbaos so richtig zu brummen. Die Bevölkerungszahl wuchs jetzt rasant, das Stadtsäckel füllte sich immer praller. Endlich gönnten sich die Bürger ein paar repräsentative Gebäude sowie ein Theater. Die bessere Gesellschaft der Stadt schielte hinüber auf die Britische Insel und nahm sich die Lebensart kultivierter Engländer zum Vorbild. Auch die britische Ökonomie schien nachahmenswert, nach deren Konzept entstanden neue Hochöfen, Werften und Banken. Weil nebenbei die Handelsgeschäfte nach wie vor gut gediehen, stieg Bilbao zur Metropole der baskischen Wirtschaft auf.

Die Bürger Bilbaos konnten allerdings damals noch nicht absehen, dass Englands Blüte nicht ewig währen würde. Und das Schicksal englischer Fabrikzentren, die mit dem industriellen Niedergang in der zweiten Hälfte des letzten Jahrhunderts mehr und mehr in graues, hässliches und schmutziges Siechtum verfielen, sollte auch Bilbao ereilen. Mitte der Neunzigerjahre lag die Arbeitslosenquote hier schon bei 20 Prozent. Die Situation erschien völlig ausweglos.

Doch die Basken haben einiges mit den Katalanen gemein. Sie sind selbstbewusst und eigenwillig, außerdem fordern nach wie vor sehr viele von ihnen die Unabhängigkeit vom spanischen Staat. Auch sie haben ihre eigene Sprache, das Baskische, das heute nur noch etwas weniger als ein Drittel der 2,7 Millionen Einwohner des Baskenlands sprechen. Das macht diese Sprache aber nicht weniger interessant. Ganz im Gegenteil.

Denn sie gilt doch manchen Linguisten als letzte überlebende europäische Ursprache. Als das Indogermanische ab dem 3. vorchristlichen Jahrtausend Europa eroberte, blieb das

Baskenland eine isolierte Sprachinsel, und auch den Siegeszug der romanischen Sprachen überdauerte es standhaft. Da ist man beinahe versucht, an ein gewisses gallisches Dorf zu denken, zumal das Baskenland an Frankreich, das ehemalige Gallien, grenzt. Caesar zählte ausdrücklich auch Aquitanien zu Gallien. Und die römische Provinz Aquitanien reichte bis zur Ría de Bilbao. Von der lateinischen Sprache zeigten sich die damaligen Bewohner der Region trotzdem unbeeindruckt. Und obwohl sich das Spanische inzwischen durchgesetzt hat, sind noch heute Straßenschilder, Aushänge sowie etliche Speisekarten im Baskenland zweisprachig.

Noch interessanter als die Robustheit der baskischen Sprache ist die bemerkenswerte Tatsache, dass wir übrigen Europäer drei Viertel der typisch baskischen Genvarianten in uns tragen. Verbunden mit der phänotypischen – also äußerlichen – Unauffälligkeit, mit der die Basken sich unter die restlichen Europäer mischen, legt das den Verdacht nahe, dass die Basken ein Volk von Ur-Europäern sein könnten.

Wer so lange überlebt hat und sich dazu seinen Stolz, seine Eigenheiten und ein Gefühl der nationalen Identität bewahren konnte, nimmt einen Niedergang wie den der Stadt Bilbao nicht einfach so hin. Auf dem Weg aus der Krise waren Kreativität und innovatives Denken gefragt. 1991 trat die baskische Landesregierung deshalb mit dem Vorschlag eines Museumsbaus an die Solomon R. Guggenheim Foundation in New York heran. Ein Bauplatz bot sich am mittlerweile ziemlich verschlafenen Hafen von Bilbao an. Auch ein Finanzierungskonzept stand schon bereit. Die Baukosten betrugen 89 Millionen US-Dollar, und diese Summe sollte sich als wirklich gut angelegt erweisen.

Denn das Museum stürzte die Stadt schlagartig in einen Taumel des Neubeginns. Die Besucherzahlen überschlugen sich, es kamen weit mehr Menschen, als die kühnsten Prognosen es zu versprechen gewagt hatten. Das wiederum entfachte eine beispiellose Initialzündung. Die triste Industriebrache verwandelte sich binnen kürzester Zeit in ein kreatives Zentrum der drei großen K: Kunst, Kultur und Kulinarik. Das Stadtbild wurde aufpoliert, schäbige Werksgebäude und verfallene Fabrikanlagen verschwanden oder wurden aufwendig modernisiert und umfunktioniert. Aus dem hässlichen Entlein ist eine attraktive und pulsierende Kulturmetropole erwachsen, die immer mehr Besucher anzieht.

Ich habe „Puppy" schließlich den Rücken gekehrt, auch die neun Meter hohe Riesenspinne von Louise Bourgeois auf der Uferseite des Museums habe ich links liegen gelassen. Endlich betrete ich dieses atemberaubende Gebäude. Schwindel erfasst mich, als ich um „A Matter of Time" herumstreife. Diese gigantische Installation aus gewundenen Stahlblechen, geschaffen vom amerikanischen Bildhauer Richard Serra, befindet sich in der 130 Meter langen Hauptgalerie des Guggenheim-Museums und zählt zu den ganz wenigen dauerhaft gezeigten Exponaten. Je nach Perspektive verändern sich die Skulpturen auf völlig unerwartete Weise und scheinen den Raum in spiralförmige Bewegungen zu versetzen. Er verengt und verbreitert sich, dehnt sich in die Höhe, um dann plötzlich wieder in sich zusammenzufallen. All dies krönt die Galerie, die sich wie das Gerippe eines umgedrehten Schiffsbauchs licht und weitläufig darüber erhebt. Ewig könnte ich mich hier drinnen verlieren. Aber das ist natürlich „Eine Frage der Zeit".

Bolas de calamar en salsa de azafrán y almendras – Tintenfischbällchen in Safran-Mandelsauce

Zutaten für 4 Personen:

600 g Tintenfisch (küchenfertig)
600 g Tomaten
500 ml Fischfond
250 ml Weißwein
100 g Paniermehl
80 g gehackte Mandeln
50 g gemahlene Mandeln
3 Schalotten
2 Knoblauchzehen
1 gelbe Chilischote
1 kl. Bd. Blattpetersilie
1 Ei
3 Safranfäden
1 Tl Koriandersamen
Olivenöl
Salz
Pfeffer

Zubereitung:

Schalotten und Knoblauch schälen, die Chilischote längs aufschneiden und entkernen, die Petersilienblättchen abzupfen. Alles fein hacken. Die Tomaten mit kochendem Wasser überbrühen, häuten, entkernen und klein würfeln. Den Tintenfisch so fein wie möglich hacken und zusammen mit der Hälfte von Schalotten und Knoblauch in eine Schüssel geben. Die Petersilie hinzugeben, dabei 2 El davon zurückbehalten und beiseitestellen. Chili, Ei, Paniermehl und Koriandersamen zugeben, kräftig mit Salz und Pfeffer würzen und alles gut miteinander vermengen. Mit angefeuchteten Händen Bällchen von der Größe eines Tischtennisballs aus der Masse formen und 1 Stunde in den Kühlschrank stellen.

Die Safranfäden in 6 El heißem Wasser einweichen. In einem Topf einen Schuss Olivenöl erhitzen, die restlichen Schalotten darin bei mittlerer Hitze glasig dünsten. Die gehackten Mandeln und den restlichen Knoblauch hinzugeben und kurz kräftig anbraten. Mit dem Weißwein ablöschen und diesen zur Hälfte einreduzieren lassen, dann den Fischfond dazugießen, die Tomaten beigeben und mit Salz und Pfeffer würzen. Aufkochen, anschließend bei mittlerer Hitze 30 Minuten köcheln lassen, gelegentlich rühren.

Die gemahlenen Mandeln zu dem Safranwasser geben und damit zu einer glatten Paste vermischen. Sollte die Paste zu zäh sein, noch etwas Wasser hinzufügen. Anschließend unter die Tomatensauce rühren. Bei schwacher Hitze ziehen lassen, ab und zu umrühren.

In einer Pfanne reichlich Olivenöl erhitzen und die Tintenfischbällchen bei nicht zu starker Hitze ca. 5–6 Minuten lang ringsum goldbraun braten. Mit dem Schaumlöffel herausnehmen, kurz auf Küchenkrepp entfetten und dann in die Tomatensauce geben. Noch einmal kurz aufkochen, dabei vorsichtig rühren. Auf Tellern anrichten und mit der restlichen Petersilie bestreuen. Dazu Weißbrot servieren.

Einmal um die ganze Welt – der vergessene Weltumsegler

Der Portugiese Ferdinand Magellan wird als Pionier der Weltumseglung gefeiert. Doch diese Ehre gebührt ihm gar nicht. Er scheiterte nämlich, nachdem er gut die Hälfte der Strecke zurückgelegt hatte. Ruhm und Ehre stehen in Wirklichkeit einem ganz anderen zu, einem Seefahrer, dessen Name in Vergessenheit geraten ist: dem Basken Juan Sebastián Elcano. Wer war dieser Mann und was ist geschehen?

Juan Sebastián Elcano wurde um 1478 in Getaria geboren, einer kleinen Hafenstadt im Baskenland. Als Fischer und Bootsbesitzer genoss sein Vater einen nicht unbeträchtlichen Wohlstand, und so wuchs der kleine Elcano als Erstgeborener unter neun Geschwistern sorgenfrei und privilegiert heran. Sein ganzes Umfeld wurde vom Meer geprägt, denn hier am Golf von Biskaya waren die Menschen auf die Seefahrt spezialisiert. Sie stellte ihre wichtigste Einnahmequelle dar. Baskische Fischer segelten bis hoch in den Norden, später sogar bis nach Neufundland. Hier fingen sie Kabeljau, der zu Bacalao weiterverarbeitet wurde, zu Stockfisch. Dieser gewann jetzt zunehmend an Bedeutung. Denn im ausgehenden 15. Jahrhundert veränderte sich die Welt. Spanische und portugiesische Entdecker fuhren hinaus, um die Ozeane und die Küsten der Kontinente zu erkunden. Der lang haltbare Trockenfisch avancierte dabei neben Schiffszwieback zu ihrem wichtigsten Proviant.

Doch keineswegs motivierten allein Neugier und Forscherdrang die Seefahrer zu ihren riskanten Reisen. Vielmehr ging es um handfeste wirtschaftliche Interessen. Besonderes Augenmerk lag zunächst auf den begehrten Gewürzen, die von weither transportiert werden mussten. Exotische Gewürze galten als höchstes Luxusgut, ihre Preise bewegten sich in astronomischen Höhen. Denn unterwegs addierten zahllose Zwischenhändler ihre Margen zum Verkaufspreis hinzu. Welch ein enormer Gewinn wäre zu erzielen, wenn man Pfeffer, Zimt, Nelken und Muskatnüsse doch nur selbst auf direktem Weg über die Meere herbeischaffen könnte!

Portugal und Spanien begannen, die bisherigen Grenzen der Seefahrt zu sprengen. Möglich machte das die Entwicklung der Karavelle, ein hochseetauglicher Schiffstyp, der im Lauf des 15. Jahrhunderts immer perfektere Gestalt annahm. Als Grundlage diente die Schiffstechnik der Mauren, die durch Kenntnisse der Konstrukteure von der iberischen Atlantikküste erweitert wurde. Denn der raue Atlantik stellte hohe Anforderungen an die Bootsbaukunst der Fischer.

Besonders im kleinen Baskenland spezialisierten sich Werften auf den Bau solcher Schiffe. In den bergigen Küstengebieten gab es ausgedehnte Wälder, die das nötige Eichen- und Kiefernholz lieferten. Doch allzu große Ausmaße besaß die Region nicht, deshalb hatte man hier längst den Nutzen nachhaltiger Forstwirtschaft erkannt. Schon in einer frühen Wachstumsphase wurden die Bäume zudem derart gestutzt, dass sie später optimale Formen aufwiesen, zum Beispiel breite Astgabelungen, die sich zu entsprechend geformten Brettern schneiden ließen. Baskische Schiffe galten als die Hightech-Produkte dieser Epoche.

Für Juan Sebastián Elcano stellte es deshalb keine Frage dar, dass auch seine berufliche Laufbahn in der Seefahrt liegen würde. Er sammelte Erfahrungen auf Fischer- und Handelsbooten, schließlich schaffte er mithilfe von Krediten ein beachtlich großes Schiff an. Damit beteiligte er sich an militärischen Aktionen, welche die Armada Española, die spanische Kriegsflotte, gegen Widersacher in Algerien und Italien unternahm. Doch die spanische Krone blieb die als Gegenleistung versprochene Bezahlung schuldig. Elcano konnte weder den Lohn für seine Mannschaft aufbringen noch seine Schulden bei den Kreditgebern tilgen.

Deshalb verpfändete er sein Schiff an eine ausländische Bank, und weil die Zahlung weiterhin ausblieb, musste er es dieser schließlich überlassen. Das jedoch stellte einen klaren Verstoß gegen spanisches Recht dar. Denn bewaffnete Schiffe in Kriegszeiten an Ausländer zu verkaufen, galt als schweres Verbrechen. Elcano fiel beim König in Ungnade. Das Ende seiner Karriere als Seefahrer schien damit besiegelt. Was konnte er noch tun?

Der erbitterte Wettstreit zwischen Spanien und Portugal hatte inzwischen zu immer härteren Fronten geführt. Je weiter die Seefahrer vordrangen und je mehr neue Küsten sie entdeckten, desto drängender stellte sich die Frage, wem das alles nun gehören sollte. Denn in der Denkweise der Europäer jener Zeit ging es keineswegs nur um profitable Handelsrouten. Es ging um nichts Geringeres als um die Beherrschung der Welt. Man machte unterwegs nicht nur Station, sondern verleibte sich die besuchten Gebiete gleich kurzerhand ein.

Die Portugiesen waren entlang der afrikanischen Küste immer weiter nach Süden gesegelt. 1488 gelang es Bartolomeu Dias als Erstem, das Kap der Guten Hoffnung zu umrunden. Der Seeweg nach Indien stand offen. Um nicht den Anschluss zu verlieren, setzten die Spanier auf die andere Richtung. Den enormen Kosten zum Trotz hatte Isabella von Kastilien sich nach einigem Zögern dazu entschlossen, die Expedition des Christoph Kolumbus zu finanzieren, eine Entscheidung, die auch ihr Mann König Ferdinand schließlich unterstützte. Denn fände man einen Weg nach Indien in westlicher Richtung, so könnte man den Portugiesen ein Schnippchen schlagen. Kolumbus entdeckte tatsächlich Land hinter dem weiten Atlantik, Indien, wie er glaubte. Wer hatte denn nun das Recht, hier seine Flagge in den Sand zu stecken?

Der Streit zwischen Spanien und Portugal drohte zu eskalieren, weshalb der Papst ein Machtwort sprach. 1494 wurde der Vertrag von Tordesillas zwischen beiden Ländern geschlossen. Eine gerade Linie, die sich längs durch den Atlantik zog, legte die Grenze zwischen den jeweiligen Hoheitsgebieten fest. Alles westlich davon schlug der Vertrag den Spaniern zu, wogegen die östlich gelegenen Länder den Portugiesen zustanden. Nach langem Geschacher verschob man die Linie ein bisschen weiter nach links, sodass die Portugiesen auch den Zugriff auf einen Teil des heutigen Brasiliens erhielten. Der Anspruch auf das restliche Amerika gebührte allein den Spaniern.

Aber der wirtschaftliche Nutzen Amerikas stand damals noch nicht im Fokus. Letzterer konzentrierte sich vielmehr weiterhin auf die Gewürzlieferanten, speziell auf die sogenannten „Gewürzinseln" im Pazifik. Ganz besonderes Augenmerk lag auf den kleinen Inseln Tidore und Ternate, die in der Gruppe der Molukken liegen und heute zu Indonesien gehören. 1511 erreichte das erste portugiesische Schiff diese Inseln, die mit ihrem ungeheuren Reichtum an Gewürznelken und Muskatnüssen lockten. Man kann es sich heute kaum vorstellen, aber im Europa der damaligen Zeit reichte eine Handvoll Muskatnüsse, und schon hatte man für alle Zukunft ausgesorgt.

Doch wem diese Inseln auf der anderen Seite der Welt nun gehören sollten, blieb unklar. Die päpstliche Linie verlief durch den Atlantik, wie sich die Hoheitsgrenze hingegen auf der anderen Seite der Erdkugel gestalten sollte, war umstritten. Bisher wusste man ja noch nicht einmal, wie es dort so genau aussah, geschweige denn, ob die Erde tatsächlich Kugelform besaß. Das wurde zwar seit der Zeit der alten Griechen behauptet, aber den endgültigen Beweis hatte noch niemand erbracht.

Ferdinand Magellan muss wohl von der runden Erdgestalt ausgegangen sein, jedenfalls zweifelte er nicht daran, dass er auch auf westlichem Weg zu den Gewürzinseln gelangen könnte. Und vielleicht würde sich diese Strecke sogar als deutlich kürzer erweisen! Als Portugiese unterbreitete er seinen Plan, dies zu erkunden, zunächst der portugiesischen Krone und bat um entsprechende Finanzmittel. Doch die Portugiesen zogen es vor, sich weiterhin Richtung Osten zu orientieren, statt ein solch kostspieliges und ungewisses Experiment zu wagen, bei dem der Weg zu allem Überfluss auch noch durch spanische Hoheitsgewässer führen würde. Trotzig versuchte Magellan es daraufhin beim spanischen König und hatte Erfolg. Denn für Spanien gestaltete sich die Lage genau andersherum. Welch ein Vorteil wäre es, zu den Gewürzinseln zu gelangen, ohne dabei portugiesische Hoheitsgebiete passieren zu müssen!

Ausgestattet mit fünf Schiffen stach Magellan am 20. September 1519 von der Mündung des Flusses Guadalquivir aus in See. Natürlich musste er zuvor eine Besatzung rekrutieren, 240 Mann benötigte er für sein Vorhaben. Und hier kommt nun endlich Juan Sebastián Elcano wieder ins Spiel.

Dessen Situation sah noch immer prekär aus. In der Hoffnung, eine neue Perspektive zu finden, hatte er sich in Sevilla niedergelassen. Als er hörte, dass Männer für eine vom König finanzierte Expeditionsreise gesucht wurden, witterte er seine Chance, die königliche Gunst zurückzugewinnen. Deshalb heuerte er als Unteroffizier und zweiter Mann an Bord der Concepción an, einem der fünf Schiffe der Magellanschen Expedition.

Doch diese Reise stand unter keinem guten Stern. Nachdem die Schiffe den Atlantik überquert hatten, segelten die Männer wochenlang entlang der südamerikanischen Küste, ohne die erhoffte Passage nach Westen finden zu können. Die Stimmung sank, die Vorräte schwanden dahin. Ende März zog schließlich der Winter auf der Südhalbkugel ein. Magellan entschied, in einer Bucht Patagoniens zu überwintern. Mit streng rationierten Vorräten, so meinte er, würde das schon gehen.

Doch Teile seiner Mannschaft waren da anderer Meinung. Die Männer vermochten keinen Sinn mehr in dem ganzen Unterfangen zu erkennen und wollten zurück in die Heimat. Im Wesentlichen handelte es sich bei ihnen um Spanier, viele konnten ihren herrischen portugiesischen Kapitän ohnehin nicht ausstehen. Es kam zur Meuterei, was heftige Scharmützel nach sich zog. Die Fraktion, die Magellan die Treue hielt, gewann schließlich die Oberhand. Der Kapitän der Concepción, der sich zum Anführer der Meuterer erhoben hatte, wurde hingerichtet. Alle anderen Aufrührer, darunter auch Elcano, kamen mit dem Leben davon, denn schließlich wurden sie noch gebraucht. Doch sie bekamen Magellans Abneigung zu spüren. Mit keinem einzigen Wort mehr wurde Elcano von nun an im Logbuch erwähnt. Die Stimmung befand sich vollends im Keller. Zu allem Überfluss havarierte eines der fünf Expeditionsschiffe während einer winterlichen Erkundungsfahrt und sank.

Als die Reise mit dem einsetzenden Frühling Ende August weiterging, tat sich endlich eine mögliche Passage nach Westen auf. Doch die Durchfahrt verzweigte sich mehrfach. Um sie binnen kurzer Zeit erforschen zu können, teilten sich die Wege der vier verbliebenen Schiffe. Und wieder sollte sich ihre Zahl dezimieren. Denn eines der ausgesandten Schiffe kehrte nicht zurück. Die Besatzung hatte sich zu einer erneuten Meuterei entschlossen und den Heimweg angetreten.

Die restlichen drei Schiffe aber durchquerten die Passage, die später den Namen Magellanstraße erhalten sollte. Nun lag der offene Pazifik vor ihnen. Höchstens 600 Seemeilen seien es jetzt noch bis zu den Gewürzinseln, verkündete Magellan triumphierend. Doch dabei hatte er sich um mehr als das Zehnfache verschätzt.

Drei Monate und 20 Tage sollte es dauern, bis die Männer zum ersten Mal wieder Land sehen würden. Würmer und Rattenkot durchsetzten den traurigen Rest des verbliebenen Zwiebacks, brackig und stinkend sammelte sich das spärliche Trinkwasser am Boden der Fässer. Viele Männer erkrankten an Skorbut, so mancher verreckte elendiglich. Verzweiflung griff um sich.

Dann endlich erreichten sie Anfang März 1521 eine Insel der Marianen. Die 150 noch übrigen Seeleute freuten sich, dass sie mit dem Leben davongekommen waren. Die Begegnung mit den Einheimischen verlief allerdings weniger erbaulich. Magellan ließ etliche von ihnen töten und ihre Hütten niederbrennen.

Als die Schiffe wenige Tage später eine Insel der Philippinen erreichten, gelang eine recht gute Verständigung mit den Einheimischen. Denn Magellan besaß einen Sklaven, der aus einer nahen Region stammte. Geschenke wurden überreicht, und schließlich glückte es sogar, die Insulaner von einem Bekenntnis zum Christentum und zur spanischen Krone zu überzeugen. Der Häuptling einer benachbarten Insel sah das hingegen gar nicht ein. Im festen Glauben, der Urbevölkerung haushoch überlegen zu sein, ließ Magellan zu den Waffen greifen. Mit fatalen Folgen. Denn nicht nur viele seiner Männer mussten bei dem wütenden Kampf ihr Leben lassen, sondern auch er selbst.

Nun endlich schlug die Stunde Juan Sebastián Elcanos. Als letzter noch lebender ranghoher Offizier übernahm er das Kommando. Die kaum mehr fahrtüchtige Concepción ließ er versenken. Mit nur zwei Schiffen, der Trinidad und der Victoria, ergriffen die verbliebenen Männer die Flucht. Doch auch Elcano stand das große Ziel vor den Augen. Wofür all die Mühe, all die Entbehrungen, wenn man am Ende erfolglos zurückkehren müsste?

Deshalb ließ Elcano die Suche nach den Gewürzinseln fortsetzen. Kein einfaches Unterfangen, schließlich hatte noch niemand die Gebiete kartiert, und folglich wusste keiner, wo das ersehnte Ziel zu finden sein könnte. Mehr als sechs Monate dauerte die Irrfahrt, bis endlich Anfang November die Molukkeninseln Tidore und Ternate am Horizont auftauchten. Alles schien doch noch gut zu werden, denn es gelang, die heißersehnten Gewürze zu kaufen. Es gab sie in Hülle und Fülle, und das auch noch zu kleinem Preis. Und in den Augen der Europäer war ihr Wert schier unermesslich.

Für die Rückfahrt trennten sich beide Schiffe. Die Trinidad, die erst noch eine Reparatur benötigte, sollte im April umkehren und die Rückreise auf gleicher Strecke durch den Pazifik wagen. Die Victoria unter Elcanos Kommando hingegen stach schon im Winter Richtung Westen in See. Das stellte insofern den riskanteren Weg dar, als nun portugiesisches Hoheitsgebiet durchquert werden musste. Erwartungsgemäß erschwerten deshalb Auseinandersetzungen mit den Portugiesen die Heimfahrt. Hinzu kamen auch noch grässliche Unwetter.

Doch schließlich nahm die Reise am 6. September 1522 im spanischen Sanlúcar ihr glückliches Ende. Nur 18 der ursprünglich aufgebrochenen Männer kehrten an diesem Tag in die Heimat zurück. Die Trinidad hingegen scheiterte an der zweiten Pazifiküberquerung, musste nach Indonesien zurückkehren und wurde dort von Portugiesen versenkt. Die Überlebenden gerieten in Gefangenschaft.

Aber all das focht den spanischen König nicht an. Denn die Gewürze, die Elcano mit der Victoria zurückbrachte, trugen solch satte Erlöse ein, dass ungeachtet aller Verluste ein stattlicher Profit übrigblieb. Und keine Frage, dass der so erfolgreiche Kapitän Elcano nun volle Rehabilitation genoss. Er wurde vom König in den Adelsstand erhoben, sein Wappenspruch pries ihn als Weltumsegler. Und ganz nebenbei hatte er den Beweis erbracht, dass die Erde tatsächlich rund ist. Weil auf der Reise zudem ein voller Tag „verloren" ging, konnten Wissenschaftler folgern, dass die Erde im All um die eigene Achse rotiert.

Und doch blieb Elcano der Ruhm verwehrt. Das lag zum einen an der Propaganda der Portugiesen, die Spanien den Erfolg missgönnten. Zum anderen fand es seinen Grund im Versäumnis Elcanos, den Triumph gebührend auszuschlachten. In jener Zeit wäre es das Gebot der Stunde gewesen, die Erlebnisse in einem Buch niederzulegen und der Öffentlichkeit zugänglich zu machen. Doch die Schriftstellerei lag Elcano nicht, er zog es stattdessen vor, erneut in See zu stechen. Diese nächste Reise überlebte er nicht, er starb am 4. August 1526 unterwegs in den Weiten des Pazifiks. Nur eine Bronzestatue in seiner baskischen Heimatstadt Getaria erinnert heute an den Pionier der Weltumseglung.

Und wie endete der Streit um die Gewürzinseln? Die Reise durch die Magellanstraße erwies sich letztlich als viel zu gefährlich, zu lang und zu umständlich. 1529 gab Spanien auf und verkaufte die Inseln an Portugal. Und natürlich kam auch dabei niemand auf die Idee, die Ureinwohner nach deren Meinung zu dem Ganzen zu befragen.

Pan tostado con requesón y pimientos – Röstbrot mit Requesón und Paprika (ein Rezept aus dem Baskenland)

Zutaten für 4 Personen:

12 Scheiben Weißbrot
500 g Requesón (spanischer Quark, alternativ: Ricotta)
½ unbehandelte Zitrone
4 rote Paprika
2 El frische Thymianblättchen
2 Gewürznelken
3 El kleine Kapern (abgetropft)
1 Tl brauner Zucker
Muskatnuss
Olivenöl
grobes Meersalz
Salz
Pfeffer

Zubereitung:

Den gelben Anteil der Schale der halben Zitrone fein abraspeln, danach die Zitronenhälfte auspressen. Die Nelken im Mörser zerkleinern. Den Requesón in eine Schüssel geben und mit Zitronensaft, -schale, Nelken, Zucker, 1 El Olivenöl sowie einer guten Prise Muskatnuss vermischen, dabei mit Salz und Pfeffer würzen. Abdecken und 1 Stunde im Kühlschrank durchziehen lassen.

Die Paprika putzen und vierteln. Den Backofen auf 200°C vorheizen und die Paprika mit der Hautseite nach oben auf dem Grillrost hineinlegen, bis die Haut schwarz wird. Herausnehmen und mit einem Geschirrtuch abdecken. Nach 5 Minuten die Haut abziehen. Die Paprika in Streifen schneiden, dabei austretende Flüssigkeit auffangen. Die Streifen mit der Flüssigkeit in eine Schüssel geben, 4 El Olivenöl hinzugeben, salzen und pfeffern. Die Kapern hacken und untermischen.

Die Brotscheiben toasten und auf Teller legen. Den Requesón noch einmal gut durchrühren. Das Röstbrot mit etwas Olivenöl beträufeln, die Paprika darauf verteilen und jeweils einen Klecks Requesón oben aufsetzen. Zum Schluss die Thymianblättchen sowie etwas grobes Meersalz darüberstreuen und servieren.

Als Vorspeise oder kleine Mahlzeit geeignet, in kleinerer Portion kann man das Röstbrot auch zu den Tapas reichen.

Oh, Island in the Sun – die Kanarischen Inseln

Ich stehe am Südufer der schwarzen Insel Lanzarote und schaue hinaus in die Ferne des Atlantiks. Irgendwo dort im Südosten, etwa 100 Kilometer weit weg, muss Afrika sein. Und schaue ich nach Südwesten, wo die Sonne auf ihrem Weg zum Horizont langsam zu sinken beginnt, so stelle ich mir Fuerteventura vor, das weniger als 30 Kilometer entfernt und doch unsichtbar ist.

Meine Insel ist nur ein kleiner Fleck in der Weite des Ozeans, doch einsam ist sie keineswegs. Das verrät mir ein Blick nach hinten, wo sich die Hotels und Apartmentanlagen von Puerto del Carmen am Hang hinaufziehen. Dahinter erheben sich Berge, kahl und imposant, und allmählich beginnen sie, im abendlichen Licht rötlich zu glimmen. Eine laue Brise streift über das Meer und umschmeichelt mich sanft. Und das Ende Dezember, ein Frühlingsgeschenk im tiefsten Winter. Barfuß gehe ich durch den Sand, immer am Ufersaum entlang. Er ist noch warm von der Nachmittagssonne, weich umspielt er meine Zehen. Sein milder Goldton wechselt langsam in ein flirrendes Rosé, die dunkle Weite des Atlantiks in metallglänzendes Silberblau.

Denn natürlich ist Lanzarote nicht bloß eine schwarze Insel. Es hat goldgelbe Strände, glutrote Felsen und erdbraune Berge. Doch die endlosen Felder schwarzen Gerölls faszinieren mich am meisten. Bauern haben in mühevoller Arbeit bis zu drei Meter tiefe Kuhlen hineingegraben, mit kleinen Mäuerchen vor Wind geschützt und jeweils ein Pflänzlein in die Mitte gesetzt. Die schwarzen Lapilli erhitzen sich tagsüber unter der glühenden Sonne und saugen dadurch nachts die Feuchtigkeit der Luft in sich auf, speichern die Flüssigkeit und tränken so das einsame Pflänzlein am Boden der Kuhle. Mit dieser klugen Methode gelingt es den Winzern von Lanzarote, auf der extrem regenarmen Insel Wein anzubauen. Ja, sie haben ihre Heimatinsel sogar als bedeutendes Weinanbaugebiet erschlossen.

Auch Grün ist eine Farbe von Lanzarote, denn neben genügsamen Flechten gedeihen an geschützten Stellen auch Palmen und Kiefern oder der urwüchsige Kanarische Drachenbaum mit seinem knorrigen Geflecht aus Zweigen und Stämmen. Grün dominiert auch auf den weiten Opuntienfeldern bei der Ortschaft Guatiza. Doch eigentlich stehen diese Feigenkakteen für feuriges Rot, denn auf ihnen leben Schildläuse, aus denen man den Farbstoff Karmin gewinnt. Der dient als Lebensmittelfarbe und kommt in Marmeladen, Süßigkeiten, Getränken und Lippenstift zum Einsatz.

Und dann wiederum ist Lanzarote völlig bunt. Zumindest da, wo der Künstler César Manrique agierte, der mit seinem großen Engagement das Bild der Insel nachhaltig prägte. Er hat im letzten Jahrhundert gewirkt und seine außerordentliche Kreativität nicht nur in den Dienst der Kunst, sondern ebenso in den des Umweltschutzes gestellt. Auch der fantastische Kakteengarten inmitten der Opuntienfelder von Guatiza ist sein Werk. Die bizarren Sukkulenten in der weiten, grauschwarzen Lapilliebene, wo am nordwestlichen Horizont die Räder des Windparks von Teguise über die Bergkämme lugen, schenken diesem Ort ein surreales Ambiente. Fast wirkt es, als sei er nicht von dieser Welt. Im früheren Wohnhaus des Künstlers in der nahen Ortschaft Haría trifft die traditionelle Architektur Lanzarotes auf dessen vulkanische Struktur und verschmilzt dank der Schaffenskraft Manriques zu einem funkensprühenden Gesamtkunstwerk.

Doch das allgegenwärtige Schwarz und Anthrazit Lanzarotes sind die Schattierungen, die immer wieder siegen. Der schwarze Strand bei El Golfo mit dem leuchtend grünen Lagunensee Charco Verde, umringt von roten Felsen, die sich zum tiefblauen Atlantik hin öffnen, verschlägt mir geradezu die Sprache. Was für eine Wunderwelt der Farben! Der kleine salzige Lagunensee verdankt seine auffällige Färbung einer einzelligen Algenart, und als wollten sie deren strahlendes Grün widerspiegeln, verbergen sich im Lavageröll des Strandes funkelnd hellgrüne Olivinkristalle. Ich fühle mich wie ein Kind auf Ostereiersuche und jauchze vor Freude bei jedem neuen Fund. Wie schade, dass ich all diese Glitzerpracht nicht mitnehmen kann!

Die Olivine, die roten Felsen und all das dominierende Schwarz stammen aus der Tiefe unserer Erde. Und auch die grüne Lagune ist ein Geschenk ihrer niemals endenden Aktivität. Der schwarze Strand mit dem kleinen See ist nämlich nichts anderes als ein Vulkankrater, der teilweise im Ozean versunken ist. Und spätestens im Lavameer des Timanfaya-Nationalparks, wo enthusiastische Guides die Touristen mit Dampffontänen und scheinbar ganz von selbst entflammenden Ginsterbüschen zum Staunen bringen, weiß man, wer hier im Untergrund herrscht.

Lanzarote ist eine Feuerinsel, wie auch der restliche Kanarische Archipel seine Existenz den tobenden Kräften der Vulkane verdankt. Unterhalb der Inselwelt befindet sich ein Hotspot, ein Bereich der Erdkruste, in dem flüssig-heißes Material aus dem Erdmantel weiter als normalerweise nach oben dringt. Verbunden mit der Nordwanderung der Afrikanischen Kontinentalplatte, zu der die Kanaren gehören, führt das zu erhöhter vulkanischer Aktivität. Und weil der Hotspot in geologischen Zeiträumen unter der Erdoberfläche auf Wanderschaft ist, sind die Inseln zu ganz unterschiedlichen Zeiten entstanden. Die ältesten sind Lanzarote und Fuerteventura im Osten, gefolgt von Gran Canaria, Teneriffa und La Gomera. Sie alle entstanden in einer Zeitspanne, die zwischen 22 und 11 Millionen Jahre zurückliegt. Die Youngsters sind La Palma und El Hierro mit einem Alter von nur zwei beziehungsweise 1,2 Millionen Jahren. Außer diesen Hauptinseln gehören noch eine Handvoll kleinerer Inselchen zum Kanarischen Archipel.

Ich denke wieder an die turbulente Geschichte der Seefahrt und den Streit um die Kolonialisierung der Welt, den Spanien und Portugal sich um das Ende des 15. Jahrhunderts herum lieferten. An diesen geraden Strich, den der Papst im Vertrag von Tordesillas durch den Atlantik zog und damit alles rechts davon Portugal, alles links davon Spanien zuschlug. Doch dieser Strich befand sich viel weiter westlich als die Kanarischen Inseln. Warum, so frage ich mich, gehören sie dann trotzdem noch heute zu Spanien?

Das liegt daran, dass die Spanier schon rund 150 Jahre zuvor ihre Hand danach ausstreckten. Zwar waren es italienische Seefahrer, die die Inseln im 14. Jahrhundert als Erste erspähten und einen Handelsposten auf Lanzarote gründeten. Dem genuesischen Grafen Lancelotto Malocello verdankt die Insel ihren Namen. Doch sie und ihre Geschwister endgültig zu vereinnahmen, erwies sich als problematisch. Hier lebten nämlich schon Menschen, und die waren ganz und gar nicht damit einverstanden, sich so einfach annektieren zu lassen.

Diese Urkanarier stammten wahrscheinlich aus der Gegend um die Straße von Gibraltar und kamen während eines Zeitraums von 600 Jahren ab dem fünften vorchristlichen Jahrhundert nach und nach auf den Inseln an. Später erstarb die Reiselust aus unbekannten Gründen. Die Immigranten lebten mehr als tausend Jahre hindurch in völliger Isolation. Weil sie auch untereinander von Insel zu Insel keine Kontakte pflegten, entwickelten sich ihre Sitten, ihre Kultur und ihre Ausdrucksweisen seit damals völlig unabhängig voneinander. Ihre Sprachen unterschieden sich tatsächlich am Ende so stark, dass eine Verständigung der Insulaner untereinander unmöglich war. Linguisten vermuten die gemeinsame sprachliche Wurzel in einer alten Sprache, die auch als Ausgangsform der heutigen nordafrikanischen Berbersprachen gilt.

Die Gesellschaft der Urkanarier zeigte bis zuletzt im Wesentlichen ein steinzeitliches Gepräge. Die Menschen lebten als Jäger, Fischer und Sammler, außerdem hielten sie Ziegen, Schafe, freilaufende Schweine und Hütehunde, deren Fleisch aber auch verzehrt wurde. Darüberhinausgehende Landwirtschaft existierte nur in Ansätzen.

Doch leider weiß man nicht allzu viel über diese geheimnisvollen Urkanarier. Denn schon am Ende des 16. Jahrhunderts hörten sie auf, als Ethnie zu existieren. Schließlich gelang es den Europäern vom Festland nämlich doch, die Oberhoheit zu gewinnen. Nach anfänglichen Bestrebungen, die alteingesessene Bevölkerung zu fangen und als Sklaven zu verkaufen, versuchte man es mit Missionierung und Diplomatie, wo das nicht half, bediente man sich in gewohnter Manier der Waffengewalt.

Über all dies hielt der Papst seine schützende Hand. Schon 1344 nahm es sich Papst Clemens VI. heraus, die Inseln zum Fürstentum zu erklären und als Lehen des Heiligen Stuhls an einen Adeligen zu übergeben. Jener Mann gehörte zum Kreis der französischen und spanischen Königsfamilien, doch er starb wenige Jahre später, ohne sein neues Reich jemals erblickt zu haben. Dieses trug den verheißungsvollen Namen „Fürstentum der Glücklichen Inseln“, eine Bezeichnung, die von antiken Legenden inspiriert war. Sie kolportierten die Existenz geheimnisvoller Glücksinseln irgendwo im Ungewissen. Und genau diese Inseln glaubte man, nun endlich gefunden zu haben.

Nach dem frühen Tod des frischgebackenen Herrschers der Glücklichen Inseln versuchten zunächst mallorquinische Missionare, später zwei französische Adelige, sich des Inselreichs auf friedliche Weise zu bemächtigen. Doch bei weitem nicht alle Einheimischen ließen mit sich reden, und den zwei Franzosen fehlten die Mittel, sich gegen ihre Vielzahl zu behaupten. So wandte sich einer der beiden an den König von Kastilien, diente sich diesem als Vasall an und unterwarf schließlich mit dessen Hilfe eine Insel nach der andern. Am Ende der Geschichte gehörte der ganze Archipel zu Spanien.

1479 wurde der Vertrag von Alcáçovas geschlossen und regelte unter anderem die Interessensphären Spaniens und Portugals in Afrika und im Ostatlantik. Spaniens Anspruch auf die Kanaren wurde damit zementiert, im Gegenzug verpflichteten sich die Spanier, die afrikanische Küste südlich des Kaps Bojador nicht länger mit ihren Schiffen zu befahren.

Der Besitz der Kanarischen Inseln sollte sich kurze Zeit später, als sich Spaniens Aufmerksamkeit in Richtung Amerika verschob, als ausgesprochen günstig erweisen. Denn von hier aus konnte man den Atlantik geradewegs westwärts auf einer sehr praktischen Route überqueren. Die Inseln dienten deshalb als Zwischenstation für die Transatlantikreisenden vom spanischen Festland, das gut 1.000 Kilometer von der nördlichsten Hauptinsel Lanzarote entfernt ist. Abgesehen von der Versorgung dieser Transitreisenden fristeten die Bewohner der Kanaren ihr Dasein hauptsächlich mit Landwirtschaft und Fischerei.

Letzteres änderte sich in den Sechzigerjahren des 20. Jahrhunderts, als der Massentourismus die Inseln eroberte. Hier ist es selbst im Winter warm, für die sonnenhungrigen Europäer bieten sie sich deshalb rund ums Jahr als Reiseziel an, und das auch noch quasi vor der Haustür des Kontinents. Und wer möchte nicht dem nasskalten Dauernieselregen entfliehen, der bei uns die Wintermonate mehr und mehr mit Beschlag belegt?

So unterschiedlich das Alter der einzelnen Inseln, so verschieden zeigen sie sich auch in ihrem Habitus. Sie mögen alle vulkanischen Ursprungs sein und sich in der gleichen subtropischen Region befinden, nichtsdestotrotz unterscheiden sie sich stark voneinander. Lanzarote und Fuerteventura sind relativ flach, weshalb der Wind über sie hinwegweht und selten Regen bringt. Anders verhält sich das bei den westlichen Inseln, deren Gebirgszüge deutlich höher sind. An den Bergflanken verfängt sich der aus Nordwesten herbeiströmende Passatwind, was die Bildung von Wolken nach sich zieht. Die starken Höhenunterschiede führen außerdem dazu, dass es auf diesen Inseln ganz unterschiedliche Klimazonen gibt.

Wo Lanzarote die Insel des schwarzen Feuers ist, wirkt das windgepeitschte Fuerteventura eher wie ein bleiches Mondgesicht. Was der Insel an Landschaftszauber fehlen mag, macht sie durch ihre Klippenformationen und die weitläufigen, feinsandigen Strände wieder wett, deren farbliche Spielarten sich zwischen strahlendem Weiß, sattem Gold und tiefem Schwarz bewegen.

Teneriffa dagegen gilt als abwechslungsreichste unter den Kanareninseln. Hier findet sich eine Vielfalt, die von Felsküsten und Sandstränden, rauen Gebirgen, üppig grünen Tälern und subtropischer Blütenpracht bis hin zu meterhohen Weihnachtssternen reicht. Und all das überragt der gewaltige Vulkan Teide. Das kleine El Hierro wiederum hat sich verträumte Einsamkeit bewahrt, was zum einen daran liegt, dass es hier kaum Badestrände gibt, zum anderen aber auch keine Direktflüge. Gleiches gilt für La Gomera, die sportliche unter den Kanarischen Inseln. Sie ist ein einziges Gebirge, deshalb macht sie jeden Spaziergänger im Handumdrehen zum Bergwanderer in einer Landschaft mit tiefen Schluchten, sattgrünen Tälern, Bananenplantagen und dem größten Lorbeerwald der Welt.

Noch grüner ist nur La Palma, unter den Kanareninseln ist sie die regnerischste und kann deshalb mit einer üppigen Natur aufwarten. Längs durch die Insel zieht sich die zehn Kilometer lange Gebirgskette Cumbre Nueva. Bilden sich östlich davon Wolken, so kommt es vor, dass diese wie ein Wasserfall in westlicher Richtung über den Gebirgskamm hinabfluten. Der Passatwind drückt sie aus dem kühleren Osten über die Berge, an deren wärmeren Westflanken sie sich dann auflösen. Das Ergebnis ist eine faszinierende Kaskade aus fließenden Wolkenströmen. La Palma ist zudem ein Eldorado für Hobbyastronomen und Sternenromantiker. Denn seit 1988 schützt ein Gesetz vor Lichtverschmutzung. Die Straßenlaternen leuchten in gedecktem Orange, ihr Licht ist zudem nach unten gerichtet. Der nächtliche Glanz gehört auf La Palma allein dem Sternenhimmel.

Das nur 29 Quadratkilometer große Eiland La Graciosa – „die Anmutige" – zählt die Tourismusbranche erst seit 2018 als achte zu den Kanarischen Inseln. Außerdem gibt es noch fünf weitere Miniinseln, sie alle können nur mit dem Schiff von den größeren Inseln aus erreicht werden.

Von letzteren bleibt nun bloß noch eine zu entdecken: Gran Canaria. Der Name täuscht, denn nach Teneriffa und

Fuerteventura ist es nur die drittgrößte Insel des Archipels. Jahre nach meinem glücksgefluteten Dezember auf Lanzarote entschloss ich mich zu einer Winterreise nach Gran Canaria.

Vielleicht lag es an dieser Jahreszeit, vielleicht auch daran, dass ich den trocken Süden der Insel zum Ziel gewählt hatte. Mich enttäuschte der allgegenwärtige blassbeige Staub verbunden mit der kargen Endlosigkeit der Berge, und auch das wogende Dünenmeer von Maspalomas konnte mich nicht wirklich trösten. Denn gleich daneben wucherten die Bettenburgen von Playa del Inglés. Kurz gesagt, Gran Canaria hat mein Herz nicht erobern können. Doch welch ein Segen, dass die Geschmäcker verschieden sind und die Kanarischen Inseln für jede Vorliebe etwas zu bieten haben!

Papas arrugadas con mojo rojo y verde – kanarische Kartoffeln mit roter und grüner Mojo-Sauce

Zutaten für 4 Personen:

1,2 kg neue Kartoffeln (klein, festkochend)
500 g nicht zu grobes Meersalz
230 ml Olivenöl
3 rote Paprika
1 grüne Paprika
1 Bd. Koriander
1 Bd. Blattpetersilie
10 Knoblauchzehen
1 grüne Chilischote
1 rote Chilischote
½ Zitrone
2 Tl Paprikapulver (edelsüß)
2 Tl Kreuzkümmel
1 Tl Tomatenmark
Salz
Pfeffer

Zubereitung:

Die roten Paprikaschoten putzen, vierteln und mit der Außenseite nach oben auf ein Backblech legen. Bei 200°C im Backofen rösten, bis die Oberseite beginnt, schwarz zu werden. Herausnehmen, 5 Minuten mit einem Geschirrtuch abdecken, dann die Haut abziehen und die Paprika in eine Schüssel geben. Die rote Chilischote längs aufschneiden, entkernen und grob hacken. 2 Knoblauchzehen häuten und in Stücke schneiden. Alles zusammen mit 1 Tl Kreuzkümmel, dem Tomatenmark, dem Paprikapulver und 80 ml Olivenöl zu den Paprika geben, salzen, pfeffern und mit dem Pürierstab zerkleinern. In ein Servierschälchen umfüllen, mit Frischhaltefolie abdecken und 2 Stunden im Kühlschrank ziehen lassen.

Koriander und Petersilie waschen, die Blättchen von den Stielen zupfen und grob hacken. Die grüne Chilischote längs aufschneiden, entkernen und in Stücke schneiden. Den restlichen Knoblauch schälen und grob teilen. Die grüne

Paprika putzen und in Stücke schneiden. Die halbe Zitrone auspressen. Nun alles in ein Gefäß geben, salzen, pfeffern, mit 1 Tl Kreuzkümmel würzen und mit dem Pürierstab zerkleinern, dabei 150 ml Olivenöl hinzufließen lassen. In ein Servierschälchen umfüllen, mit Frischhaltefolie abdecken und 2 Stunden im Kühlschrank ziehen lassen.

Die Kartoffeln gründlich sauber schrubben, nicht schälen. Das Meersalz mit 1 ½ l Wasser in einen Topf geben, die Kartoffeln hinzugeben, aufkochen, das Salz gut verrühren und dann die Kartoffeln bei mittlerer Hitze 20 Minuten lang garen. Nun das Salzwasser abgießen, die Kartoffeln noch einmal im Topf auf den Herd zurückstellen und 2 Minuten ohne Deckel ausdampfen lassen. Es soll sich eine schrumpelige Salzkruste um sie bilden. Zusammen mit den beiden Mojo-Saucen servieren.

Auf Schusters Rappen – der Jakobsweg

Spanien ist eines der beliebtesten Reiseländer unserer Zeit. Statistisch gesehen liegt es weltweit nach Frankreich sogar an zweiter Stelle. Ein Phänomen unserer reiselustigen Epoche, könnte man meinen. Doch weit gefehlt.

Denn tatsächlich verzeichnet Spanien schon seit vielen Jahrhunderten einen anhaltenden Reiseboom. Die Touristen vergangener Tage kamen allerdings nicht, um Sonne, Strände, Kunstwerke oder pulsierende Metropolen zu erleben, um Musik, Tanz und südländische Spezialitäten zu genießen. Es war nichts anderes als ein Grab, das sie nach Spanien zog.

Dabei handelt es sich um das Grab des Apostels Jakobus des Älteren, eines der berühmtesten Heiligen überhaupt. Die Legende weiß, dass er nach der Himmelfahrt Jesu seine judäische Heimat verließ, um möglichst vielen Menschen die Lehre seines Meisters zu verkünden. Das Ziel dieser Reise soll die Iberische Halbinsel gewesen sein. Jakobus durchwanderte deren Landschaften, doch nur wenige Menschen wollten ihm Gehör schenken. Er müsse wohl erst sterben, damit die Ungläubigen bekehrt würden, seufzte er immer wieder, und mutlos ließ er sich eines Tages zum Ausruhen am Ufer des Flusses Ebro nieder, dort, wo heute die Stadt Saragossa liegt. Es wäre wohl besser, die gesamte Mission abzubrechen und in die Heimat zurückzukehren, dachte Jakobus bei sich. Da erschien ihm die

Jungfrau Maria und bekräftigte ihn in seiner Überlegung. So kehrte er nach Jerusalem zurück, doch als unbeirrbaren Jünger eines verfemten Predigers ließ König Herodes Agrippa I. ihn dort im Jahr 44 n. Chr. durch Enthauptung hinrichten.

Sein Sarg wurde dem Meer übergeben, und wie das Schicksal es wollte, trieb dieser in Richtung Westen durch das gesamte Mittelmeer, passierte die Straße von Gibraltar und setzte seine Reise nordwärts entlang der Küste der Iberischen Halbinsel fort. In Galicien, am äußersten Ende der damals bekannten Welt, trieb er endlich an Land. Fischer fanden den Sarg mit dem Leichnam des Jakobus und setzten ihn ein Stück weiter im Landesinneren bei. Doch das Grab geriet in Vergessenheit.

Die Jahrhunderte vergingen. Zwar breitete sich das Christentum ab dem 3. Jahrhundert auf der Iberischen Halbinsel immer weiter aus. Doch vom 8. Jahrhundert an eroberten die Mauren den größten Teil der Halbinsel und gründeten das muslimische Reich Al-Andalus. Es erstreckte sich schließlich von der portugiesischen Hafenstadt Porto Richtung Osten quer durch das Land bis hin zu den Pyrenäen, von dort weiter in südöstlicher Richtung fast bis nach Barcelona. Nur der Norden der Iberischen Halbinsel blieb unabhängig von den Besatzern. Hier entstand das Königreich von Asturien, gegründet von christlichen Rebellen. Sie waren fest entschlossen, der maurischen Herrschaft Widerstand zu leisten. Auch Galicien, der nordwestlichste Zipfel Spaniens, gehörte zu diesem Reich.

Die Bewohner des Königreichs Asturien sahen sich ständiger Bedrohung durch die maurische Übermacht im Süden ausgesetzt. Noch dazu lag ihr Reich abgeschieden und in ziemlicher Isolation an Spaniens Nordküste. Was konnte man tun, um Moral und Zusammenhalt der Menschen zu festigen? Der Zufall wollte es, dass just in dieser Situation Anfang des 9. Jahrhunderts das Grab des Jakobus wiederentdeckt wurde. Schnell besann man sich darauf, dass dieser Jakobus als Erster durch Spanien gezogen war, um die Frohe Botschaft zu verkünden. Prädestinierte ihn das nicht nachgerade dazu, die zentrale Identifikationsfigur aller christlichen Spanier zu werden?

So kam, es, dass sich die Befürchtung des Jakobus bewahrheiten sollte. Er musste erst sterben, um seine Bestimmung als Missionar zu erfüllen. Denn nun, da ihm endlich gebührende Aufmerksamkeit zuteilwurde, gab es kein Halten mehr. Binnen kürzester Zeit stieg er zum Nationalheiligen auf, und nicht nur das. Denn auch die Rolle eines Schutzpatrons gegen die Mauren trug man ihm an. In dieser Funktion musste er fortan als „Soldat Christi“ mit den asturischen Soldaten in den Krieg ziehen und deren Siege protegieren, wobei es weniger wichtig erschien, ob es sich bei den Gegnern wirklich um Muslime oder gegebenenfalls um verfeindete Christen handelte.

Ob der Apostel Jakobus wahrhaftig einst als historische Persönlichkeit existierte, ist bis heute nicht bewiesen. Deshalb lässt sich natürlich auch nicht belegen, dass er auf der Iberischen Halbinsel gewirkt hat. Und am allerwenigsten kann man nachweisen, dass es sich bei besagtem Grab tatsächlich um das eines Jüngers Jesu Christi handelt. Doch spielt das eine Rolle?

Denn die Gläubigen waren von der Wirkungskraft dieses Heiligen überzeugt. Er schenkte ihnen Hoffnung und Mut, gab ihrem Dasein einen Sinn. Die bescheidene Kapelle, die schon im frühen 9. Jahrhundert über dem Grab errichtet worden war, machte gegen Ende des gleichen Jahrhunderts Platz für eine dreischiffige Kirche. Und aus dem Dörflein, das sich um die alte Kapelle gebildet hatte und das im Jahr 830 zum Wallfahrtsort erklärt worden war, erwuchs allmählich die Stadt Santiago di Compostela. Der spirituelle Sog des Heiligen begann, sich auch über Asturiens Grenzen hinaus zu entfalten. Schon in der ersten Hälfte des 10. Jahrhunderts pilgerten einzelne Gläubige von weither zu seinem Grab. Sie kamen von der südfranzösischen Atlantikküste, manche sogar aus der Bodenseeregion.

Natürlich gab es Rückschläge. So eroberte im August des Jahres 997 Almansor, der Kalif von Córdoba, die Stadt Santiago, ließ die Jakobuskirche zerstören und ihre Glocken von christlichen Sklaven ins tausend Kilometer entfernte Córdoba tragen. Es sollte fast ein Jahrhundert vergehen, bis der Wiederaufbau der Grabkirche beginnen konnte. Dieses Mal entstand jedoch eine angemessen große Kathedrale im romanischen Stil. Und als kastilische Truppen 1236 die Stadt Córdoba eroberten, kehrten auch die Glocken endlich wieder zurück nach Santiago de Compostela. Dieses Mal mussten versklavte Mauren sie dorthin schleppen.

Wem waren die Erfolge der Reconquista und der Siegeszug des Christentums zu verdanken? Natürlich dem heiligen Jakobus. Der Weg zu seiner Grabstätte fand deshalb immer größeren Zulauf. Neben Rom und Jerusalem avancierte das Grab des Jakobus in Santiago de Compostela zum dritten Hauptziel christlicher Wallfahrer. Die Anziehungskraft des Jakobswegs wuchs umso mehr, da Jerusalem ab dem 7. Jahrhundert wechselnden Machthabern muslimischen Glaubens unterstand und christliche Pilger spätestens ab der Wende zum 11. Jahrhundert zunehmend zwischen die Fronten innerislamischer Konflikte gerieten. Ein weiteres Problem stellten die mit blutigen Auseinandersetzungen und wachsender Feindseligkeit zwischen Christen und Moslems verbundenen Kreuzzüge dar. Somit kristallisierte sich der Jakobsweg als der deutlich sicherere Pilgerpfad heraus.

Weil die Gläubigen aus ganz unterschiedlichen Orten in Europa aufbrachen, durchzogen die Jakobswege den Kontinent schon bald wie ein Netz. Sie begannen in so unterschiedlichen Regionen wie dem englischen Cornwall, dem Norden Deutschlands, Polen, Ungarn, Italien oder Portugals Süden. Alle gemeinsam richteten sich auf ein einziges Ziel: Santiago de Compostela. Überall entlang dieser Wege entstanden Klöster, Kirchen und Gasthäuser, die Pilgerbewegung trug einen wahren wirtschaftlichen Segen in die durchwanderten Gebiete. Und fast alle Pilger folgten auf ihrer letzten Etappe der Hauptroute des Wegs durch Nordspanien, dem Camino Francés, der auf einer knapp 800 Kilometer langen Strecke von den Pyrenäen bis zum Grab des Jakobus führt. Hier erblühten deshalb prächtige Städte wie Pamplona, Estella, Burgos und León, die ihrerseits die Wallfahrer mit Kathedralen empfingen und für den Weitermarsch rüsteten.

Wer sich im Mittelalter auf eine solche Reise durch unbekannte Gefilde begab, der benötigte nicht nur Mut und festen Willen, sondern sah sich natürlich auch mit allerhand Unwägbarkeiten konfrontiert. Was uns Touristen der heutigen Zeit ein praktischer Reiseführer ist, das war für die christlichen Wanderer jener Zeit das Jakobsbuch, das schon im 12. Jahrhundert geschrieben wurde, vermutlich von einem französischen Gelehrten. Neben frommen Handreichungen, liturgischen Texten und Berichten über die Wundertätigkeit des Jakobus enthält es eine ganze Reihe praktischer Tipps für die Reise, gibt Empfehlungen für den Besuch von Kirchen, warnt aber auch vor schlitzohrigen Wirtsleuten, windigen Geschäftemachern und so manch anderer Gefahr, die am Wegesrand lauerte.

Ungezählte Scharen von Pilgern machten sich auf die Reise. Besonders viele kamen ab dem 15. Jahrhundert jeweils in den heiligen Jahren, die immer dann begangen werden, wenn der 25. Juli, der Tag des Heiligen Jakobus, auf einen Sonntag fällt. Doch mit der beginnenden Neuzeit verebbte die Wanderlust. Das Augenmerk der Christen richtete sich auf andere Themen wie den Ablasshandel und die Verfolgung von Ketzern und Hexen, in der Folge dessen schon bald auf die Reformation. Auch die Entdeckung neuer Länder jenseits der Meere und die wachsende Bildung, die durch Erfindung des Buchdrucks vorangetrieben wurde, änderten den Blickwinkel der Menschen. Pilgerreisen erschienen nicht mehr so wichtig.

Hinzu kam, dass sich der Konflikt zwischen Spanien und England zuspitzte. Hierbei ging es vor allem um Interessensphären in der Neuen Welt. Als es dem englischen Korsar Francis Drake 1587 gelang, 37 große Kriegsschiffe der Spanischen Armada im Hafen von Cádiz zu versenken, wuchs die Furcht vor einem englischen Angriff auch in Galicien ins Unermessliche. Weil gerade kostbare Reliquien gerne geraubt wurden, brachte man die Gebeine des Jakobus vorsichtshalber in Sicherheit, vergaß aber leider, wohin. Die Grablege in Santiago de Compostela blieb verwaist. Auch dass die Kathedrale sowie die anderen Kirchen entlang des Camino Francés weiter ausgebaut und mit den Beuteschätzen aus Lateinamerika geschmückt wurden, konnte dem Pilgerpfad nicht zu neuem Aufschwung verhelfen.

Erst als die Gebeine 1879 endlich wiederauftauchten und ihre Echtheit fünf Jahre später vom Papst bestätigt wurde, kam die erhoffte Wende. Allmählich fanden sich wieder mehr Wanderer auf dem Jakobsweg ein. Etwas größer wurde der Zulauf mit dem wachsenden Fernweh nach dem Zweiten Weltkrieg, insbesondere seit Beginn der Siebzigerjahre. 1982 kam Papst Johannes Paul II. nach Santiago de Compostela und appellierte an eine Besinnung auf die Wurzeln der christlichen Bewegung, wenige Jahre später erklärte der Europarat den Jakobsweg zur Europäischen Kulturroute. Mit einem Mal befand sich der alte Pilgerpfad in aller Munde und zunehmend auch unter immer mehr Schuhsohlen.

Seit dem frühen 11. Jahrhundert gilt die Jakobsmuschel als Pilgerzeichen des Jakobwegs. Sie dient nicht nur als Wegmarkierung, sondern auch als symbolische Trophäe der frommen Wanderer. Von der Atlantikküste werden die Muscheln nach Santiago geschafft, mit zwei Löchern versehen und an die Ankommenden verkauft. Das so mühsam errungene Wahrzeichen gilt als hohes Gut, allein von der Berührung der Muschel versprechen sich manche Gläubige eine Wunderwirkung. Um sich seine Jakobsmuschel zu verdienen, muss ein Pilger möglichst den ganzen Camino Francés, mindestens aber die letzten 100 Kilometer des Wegs zu Fuß oder zu Pferd zurücklegen. Möchte er lieber radeln, so müssen es die letzten 200 Kilometer sein. Die meisten Pilger wollen ihre Hingabe aber unter Beweis stellen und legen die längere Strecke zurück.

Unterwegs gibt es Zwischenstationen, in denen zum Nachweis der Pilgerausweis abgestempelt wird. Günstige Pilgerherbergen erleichtern das Übernachten, und am Ziel wird erfolgreichen Wallfahrern schon seit dem 13. Jahrhundert die Urkunde La Compostela verliehen. Ihre Namen werden in der Kathedrale von Santiago di Compostela verlesen, an hohen Feiertagen schwingt dazu der Botafumeiro. Das ist ein 1,60 Meter großes und 54 Kilogramm schweres Weihrauchfass, das an einem 66 Meter langen Seil hin und her durch das Querschiff der Kirche pendelt und dabei eine Spitzengeschwindigkeit von 65 Stundenkilometern erreicht.

Bewältigten noch 1970 lediglich 68 Pilger den Jakobsweg, so waren es 2019 schon fast 350.000. Was hat zu diesem phänomenalen Ansturm geführt, zumal in einer Zeit, in der sich mehr und mehr Menschen vom Glauben abwenden? Die Ursache hierfür ist sicherlich weniger der Bestseller „Ich bin dann mal weg“ des Entertainers Hape Kerkeling aus dem Jahr 2006, wenngleich dieser zur Popularität des Jakobsweg zumindest im deutschsprachigen Raum deutlich beigetragen hat. Obwohl sich auch heute noch so mancher Pilger aus religiösem Antrieb auf den Weg macht, so motiviert doch viele Wandersleute die Suche nach dem eigenen Selbst. Der Weg zu sich selber hört nie auf, deshalb gilt ihnen Santiago de Compostela auch eher als symbolisches Ziel. Sie folgen dem Leitsatz, der dem chinesischen Philosophen Konfuzius zugeschrieben wird: Der Weg ist das Ziel.

Fragt man diese Suchenden nach ihren Motiven, sind die Antworten so unterschiedlich wie Alter, Hintergrund und Herkunftsorte der Pilger. Er habe sich nach der Schulzeit erst einmal orientieren wollen, welche Schwerpunkte ihm für die Zukunft wichtig seien, sagt ein junger Mann aus Neuseeland. Eine Japanerin mittleren Alters erzählt von der Krise, in die der frühe Tod ihres Mannes sie stürzte. Zwei Französinnen sprechen von der Lust auf Entschleunigung und intensive Begegnung mit der Natur, ein bärtiger Amerikaner davon, dass er genug von der Arbeit am Computer hatte und seine persönliche Leistungsfähigkeit austesten wollte.

Die Wanderung ist entbehrungsreich und führt so manchen Pilger an seine Grenzen oder zumindest in deren Nähe. Doch müde Beine und wunde Füße scheinen alsbald wieder vergessen, betrachtet man die glückseligen Mienen der Neuankömmlinge in Santiago de Compostela.

Vieiras a la gallega – Jakobsmuscheln auf galicische Art

Zutaten für 4 Personen:

12 Jakobsmuscheln (frisch oder TK)
6 Scheiben Serranoschinken
250 ml Weißwein
3 Zwiebeln
50 g Semmelbrösel
2 Tomaten
½ Bd. Blattpetersilie
50 ml Olivenöl
Salz
Pfeffer

Zubereitung:

Die Schalen der Muscheln müssen geschlossen sein. Frische Jakobsmuscheln in eine Schüssel mit gut gesalzenem Wasser geben und 2 Stunden darin liegen lassen, das Wasser jede halbe Stunde wechseln, damit der Sand ausgespült wird.

Die Zwiebeln schälen und sehr fein würfeln. Den Schinken fein hacken. Die Tomaten mit siedendem Wasser überbrühen, häuten, entkernen und in kleine Würfel schneiden. Die Petersilienblättchen abzupfen und hacken.

Das Olivenöl in einer Pfanne erhitzen und den Schinken darin bei mittlerer Hitze 2 Minuten anbraten. Nun die Zwiebeln hinzugeben und ca. 3 Minuten mitbraten, bis sie glasig sind. Mit dem Weißwein ablöschen und 5 Minuten köcheln lassen, dann die Tomaten hinzugeben. 15 Minuten bei mittlerer Hitze einreduzieren, dabei gelegentlich rühren. Mit Salz und Pfeffer abschmecken, aber mit dem Salz vorsichtig sein, da der Schinken bereits salzig ist. Zum Schluss die Hälfte der Petersilie unterrühren.

Die Jakobsmuscheln abspülen und mit Küchenkrepp trocken tupfen. Die Schalen mit einem spitzen Messer öffnen, die obere Schale entfernen. Das Fleisch mit dem Messer vorsichtig von der unteren Schale lösen. Die unteren Schalen reinigen und das Muschelfleisch jeweils wieder hineinlegen. Gut mit der Sauce bedecken, anschließend mit den Semmelbröseln bestreuen.

Den Backofen auf 180°C vorheizen, die Jakobsmuscheln auf ein Blech legen und hineinstellen. 12–15 Minuten überbacken, dann 2 Minuten unter Hinzuschalten der Grillfunktion gratinieren, bis die Oberseite appetitlich gebräunt, aber nicht verbrannt ist.

Die Muscheln aus dem Ofen nehmen und mit der restlichen Petersilie bestreuen. Heiß mit frischem Weißbrot servieren, dazu passt ein grüner Salat.

Die Jakobsmuschel verdankt ihren Namen dem Heiligen Jakobus. Im Mittelalter liefen viele Pilger weiter bis zum Kap Finisterre, das 80 Kilometer von Santiago di Compostela entfernt in den Atlantik hinausragt. Der Name dieses Kaps ist abgeleitet vom lateinischen finis terrae – „Ende der Welt". Dort holten die Pilger sich ihre persönliche Jakobsmuschel aus dem Meer. Auf dem Rückweg diente diese nicht nur als Pilgerzeichen, sondern auch zum Wasserschöpfen. Zeitlebens wurde sie wie ein kostbarer Schatz gehütet, manche ließen sie sich sogar mit ins Grab legen.

Exklave der Affen – Gibraltar

Heute verlasse ich Spanien. Allerdings nicht für längere Zeit, denn ich werde schon am Abend wieder zurückkehren. Ich setze nur für kurze Zeit meinen Fuß auf fremdes Territorium, genauer gesagt, auf eine Landzunge, die im Süden Spaniens ein Stück ins Meer hinausragt und wie ein Pfeil auf die nordafrikanische Küste weist. Diese dreieckige Landspitze befindet sich am Südrand der andalusischen Stadt La Línea de la Concepción. An zwei Flanken vom Meer umgeben, ist sie nur durch einen gerade mal 1,2 Kilometer breiten Streifen mit La Línea de la Concepción auf dem spanischen Festland verbunden. Diese Landspitze heißt Gibraltar und gehört zu Großbritannien.

Gibraltar ist winzig, nur 6,5 Quadratkilometer groß, es hat Seitenlängen von etwa fünf Kilometern und misst an seiner breitesten Stelle keine zweieinhalb Kilometer, und das auch nur, weil im Hafenbereich Land aufgeschüttet wurde. Wollte man einmal rund um ganz Gibraltar herumlaufen, so müsste man bloß eine Strecke von 13 Kilometern bezwingen – jeder Jakobswegwanderer kann da nur müde lächeln. Zu einem großen Teil besteht Gibraltars Fläche aus Sand, nur ein markanter Felsen aus Kalksandstein ragt mit 426 Metern Höhe daraus empor. Das ist der berühmte Felsen von Gibraltar. Natürliche Höhlen sowie Tunnel, die von Menschen gegraben wurden, durchlöchern diesen Felsen wie einen Schweizer Käse. Die Gesamtlänge der Tunnel summiert sich zu sagenhaften 55 Kilometern, das ist doppelt so viel, wie das gesamte Straßennetz Gibraltars umfasst. Der bei ihrem Bau angefallene Abraum wurde zur Landgewinnung genutzt. Denn sonderlich viel Platz hat Gibraltar nun wirklich nicht zu bieten. Warum ist dieses winzige Fleckchen der Iberischen Halbinsel britisch?

Während der gesamten Menschheitsgeschichte war Gibraltar heiß begehrt. Hier fanden die europäischen Neandertaler ihr letztes Rückzugsgebiet, bevor der Homo sapiens sie endgültig verdrängte. Die 40 Meter lange Gorham-Höhle am Fuße des Felsens von Gibraltar bildete ihre Wohnstätte. Sie hinterließen Felsritzungen, deren Alter mindestens 39.000 Jahre beträgt und die nahelegen, dass man die Fähigkeit der Neandertaler zum künstlerischen Ausdruck wohl nicht unterschätzen sollte.

Die Griechen glaubten später, im Felsen von Gibraltar eine der Säulen des Herakles zu erkennen, auf denen nach ihrer Vorstellung das Himmelszelt ruht. Die Mauren errichteten eine Festung, sie beherrschten Gibraltar bis 1462. Ihnen verdankt das kleine Kap seinen Namen, denn sie nannten es Dschabal Tāriq, nach dem Feldherrn Tāriq ibn Ziyād, der im Jahr 711 mit einer Streitmacht von 7.000 Mann aus Marokko kommend das Meer überquerte, in der Bucht von Gibraltar an Land ging und damit den Grundstein für das muslimische Reich Al-Andalus legte. Den Namen Dschabal Tāriq schliffen spanische Zungen zu Gibraltar. Zugleich steht er symbolhaft für die Begehrlichkeiten, von denen diese Landspitze alle nachfolgenden Zeiten hindurch beherrscht werden sollte. Denn Gibraltar gilt als Einfallstor zur Iberischen Halbinsel, gleichzeitig ist es die Pforte zwischen dem Mittelmeer und dem offenen Atlantik. Seine strategische Bedeutung ist deshalb enorm.

In den kriegerischen Scharmützeln, die sich die verschiedensten europäischen Mächte ab der beginnenden Neuzeit leisteten, spielte Gibraltar deshalb oft eine wichtige Rolle. Hier wurde gestritten, belagert, gekämpft und erobert. Als der Stern spanischer Macht am Ende des Dreißigjährigen Krieges gen Horizont sank, waren es vor allem Engländer und Niederländer, die miteinander rangelten, sich zwischendurch aber auch immer wieder für kurze Zeit verbündeten. Pikanterweise eroberte 1704 im Spanischen Erbfolgekrieg ein deutscher Prinz aus Darmstadt, der im Dienst der österreichischen Habsburger stand, an Bord eines englischen Schiffes die Landspitze. Und damit fiel diese an England. Mit dem Vertrag von Utrecht ging Gibraltar schließlich 1713 auch offiziell an England, seit 1830 gilt es als Kronkolonie. Eroberungsversuche durch Franzosen und Spanier schlugen fehl, von ihren Feldzügen stammen aber die ältesten Tunnel, die den Felsen von Gibraltar durchziehen. Weitere kamen im Zweiten Weltkrieg hinzu, als unter dem Felsen eine Festung für 16.000 Soldaten entstand. Diese unterirdischen Anlagen können heute zum Teil besichtigt werden.

Dass Gibraltar noch immer unter britischer Oberhoheit steht, ist Spanien natürlich ein Dorn im Auge. Doch das Vereinigte Königreicht denkt gar nicht daran, das Halbinselchen wieder herzugeben. Hier unterhalten die Briten einen Flottenstützpunkt, und warum sollte man eine solche strategische Basis aufgeben, zumal in einer Welt, in der jeder nur an sich denkt und Macht nach wie vor das höchste Ziel staatlichen Strebens zu sein scheint?

Der Streit zwischen dem Vereinigten Königreich und Spanien dauert an. Am liebsten wäre es den Spaniern natürlich, die Briten würden ihnen Gibraltar endlich überlassen. Obwohl Gibraltar aus Sicht der UNO als aufzulösende Kolonie gilt, hält sich die Organisation aus der Sache heraus. Sie ist der Meinung, dass die beiden Staaten das unter sich ausmachen müssen. Alles wäre ganz einfach, wenn die Bewohner Gibraltars nur Spanier werden wollten. Wollen sie aber nicht. Und zwar ungeachtet der Tatsache, dass nur knapp 30 Prozent der Bewohner britischer Herkunft sind, ungefähr genauso viele stammen ursprünglich aus Spanien, jeweils 15 Prozent aus Portugal und Italien, die meisten anderen aus Malta.

Mit mehr als 5.000 Bewohnern pro Quadratkilometer ist Gibraltar eines der am dichtesten besiedelten Gebiete der Welt. Gut 34.500 Menschen quetschen sich auf dem kleinen Stückchen Land zusammen, was umso heikler ist, als man den steilen Felsen ja schlecht bebauen kann. Und der beansprucht einen nicht unerheblichen Teil der Landspitze für sich. Größeres Gedränge gibt es weltweit nur in Macau, Monaco, Singapur und Hongkong. Kein Wunder, dass auf Gibraltar versucht wird, durch Aufschüttung Land zu gewinnen. Doch sind diesen Bemühungen natürlich Grenzen gesetzt, denn endlos wird man den Felsen nicht weiter aushöhlen können.

Solange der Status Quo bestehen bleibt, piesacken sich Briten und Spanier gegenseitig mit Rangeleien um Fischereirechte und zentimetergenaue Grenzverläufe. Doch mit dem Brexit erhielt der Streit um Gibraltar mit einem Mal noch eine völlig neue Perspektive. Sollte denn nun etwa eine harte Grenze die kleine Landspitze vom Festland trennen? Was würde dann mit den 14.000 Menschen geschehen, die Tag für Tag auf dem Weg zur Arbeit diese Barriere passieren müssen?

Nur 4,1 Prozent der Bewohner Gibraltars haben sich 2016 für den Brexit ausgesprochen. 95,9 Prozent stimmten dagegen, und das bei einer Wahlbeteiligung von 84,5 Prozent. Klarer konnte das Votum kaum sein, unter den einzelnen britischen Regionen war es tatsächlich die mit Abstand eindeutigste Entscheidung für den Verbleib in der EU, die es bei der Volksabstimmung gab. Entsprechend groß die Enttäuschung der Gibraltarer hinsichtlich des Gesamtergebnisses. Doch einen spanischen Pass wollen sie deshalb noch lange nicht. Ein Dilemma, um dessen Lösung lange gerungen wurde. In letzter Sekunde einigten sich Spanien und Großbritannien am 31.12.2020 über den Beitritt Gibraltars zum Schengenraum. Die Seegrenze Gibraltars gilt nun als EU-Außengrenze und wird entsprechend kontrolliert.

Die Einreise mit dem Auto war zuvor kompliziert, die Briten führten strenge Kontrollen durch. Außerdem kann man auf der gibraltarischen Seite der Grenze kaum parken. Auf dem schmalen Territorium der britischen Exklave drängen sich Häuser und Gassen zusammen, oft ist es sehr steil und extrem eng. Der hohe Andrang von Touristen macht das nicht unbedingt leichter. Neben Hotelgästen besuchen auch viele Tagesausflügler und Kreuzfahrtpassagiere Gibraltar. Fast acht Millionen Menschen sollen es alljährlich sein. Der Tourismus ist hier die Haupteinnahmequelle schlechthin.

Deshalb stelle ich das Auto auf einem grenznahen Parkplatz in Spanien ab und mache mich zu Fuß auf den Weg. Zunächst muss ich das Gebäude der Migrationskontrolle passieren. Die Briten kontrollierten hier stets genauso penibel wie auf ihrer Heimatinsel, ohne Ausweis kam niemand an den Grenzbeamten vorbei. Dank des Schengen-Abkommens ist nun alles leichter geworden. Natürlich sollte ich Britische Pfund zur Hand haben, sofern ich auf Gibraltar bar bezahlen möchte. Der Postkartenhändler akzeptiert indes auch gern meine Euro.

Nun kann ich mich entscheiden, ob ich mit dem Bus fahren oder zu Fuß bis zur Main Street gehen will. In Anbetracht der Winzigkeit Gibraltars fällt mir die Wahl nicht schwer. Nur 20 Minuten läuft man bis zur Main Street, der Haupteinkaufsstraße von Gibraltar, und dabei kreuzt man die Landebahn des skurrilen Flughafens. Startet oder landet ein Flugzeug, so geht hier wie bei einem Bahnübergang die Schranke herunter, wir übrigen Verkehrsteilnehmer müssen warten. Knappe 1,8 Kilometer misst die Piste, die quer über den Zugang zur Landspitze verläuft und noch ein Stück darüber hinaus in die Bucht von Gibraltar ragt, an ihren Seiten durch nichts als Wasser begrenzt. Hier in Gibraltar ist wirklich alles haarklein abgezirkelt und penibel organisiert auf engstem Raum zusammengepfercht.

Auf der Main Street könnte ich nun nach Herzenslust shoppen, denn in Gibraltar gibt es keine Mehrwertsteuer. Alkohol, Tabak, Parfüm, Schmuck und Elektronik sollten also entsprechend günstiger sein. Ich spaziere an britischen Telefonhäuschen sowie den Filialen von Mothercare und Marks & Spencer vorbei zur Pharmacy und fühle mich dabei ganz wie im Vereinigten Königreich. Denn hier ist selbstverständlich Englisch die Amtssprache. Wer die ständigen Tapas mit Rotwein leid ist, findet jetzt endlich auch Fish 'n' Chips und britisches Ale. Irritierend ist allenfalls die spanische Sonne, die sich zum Glück nicht ausschalten und durch englischen Nieselregen ersetzen lässt. Nur der Wind ist hier stärker als gewohnt, es weht der kräftige Ostwind Levante. Wer die Küsten Andalusiens kennt, dem ist aber auch dieser Wind vertraut.

Nun könnte ich besagte Tunnel besichtigen, alternativ St. Michael's Cave, das ist eine gigantische Tropfsteinhöhle. Oder das Moorish Castle, die maurische Burg. Mich aber zieht es nach oben auf den Gipfel des Felsens, zum Upper Rock. Denn der ist nicht nur für seine tolle Aussicht, sondern vor allem für seine Berberaffen bekannt, eine Unterart der Makaken. Man spricht deshalb ja auch vom Affenfelsen.

Eine Seilbahn bringt mich hinauf, dabei genieße ich den Rundblick über die ganze Bucht von Gibraltar, die Hochhäuser vor dem Hafen im Vordergrund, ein paar britische Marineschiffe auf dem türkisblauen Meer, die andalusische

Stadt Algeciras am gegenüberliegenden Ufer. Sie ist nach dem 25 Kilometer entfernten Tarifa die südlichste Stadt auf dem europäischen Festland. Der Stadt Tarifa ist übrigens die kleine Isla de Las Palomas vorgelagert, von der aus es nur noch 14 Kilometer bis Afrika sind. Nirgends kommen sich die beiden Kontinente näher.

Bevor ich nun die Affen genauer unter die Lupe nehme, zieht mich eine relativ neue Attraktion magisch an. Dabei handelt es sich um den Skywalk, einen gläsernen Aussichtssteg, der auf einem ehemaligen Geschützsockel in 340 Metern Höhe über den Steilwänden des Felsens platziert ist. Standesgemäß wurde er 2018 von Mark Hamill alias Luke Skywalker in Begleitung von zwei Klonkriegern eröffnet. Der Panoramaweg ist nicht allzu lang, dafür garantiert atemberaubend. Nicht nur, dass der Blick durch den Glasboden steil abwärts geht, er schweift auch im Winkel von 360 Grad über Europa, Afrika, das Mittelmeer und den Atlantik. Ähnlichen Nervenkitzel bietet die 2016 eröffnete Windsor Suspension Bridge, eine 71 Meter lange Hängebrücke am Steilhang, die über eine 50 Meter tiefe Schlucht führt.

Mit adrenalingesättigtem Blut begebe ich mich endlich an die letzten Meter des Aufstiegs zum Affengipfel. Der Fels von Gibraltar ist angeblich der einzige Ort in Europa, an dem es freilebende Affen gibt. So richtig wild sind sie aber gar nicht, denn sie leben in einem kleinen Reservat und werden täglich mit Obst und Gemüse versorgt. Außerdem stecken manche Touristen ihnen Leckereien zu, und deshalb kommen sie auch gleich zutraulich heran. Es ist allerdings verboten, die Tiere zu füttern, Zuwiderhandlungen können sogar mit einem empfindlichen Bußgeld geahndet werden. Denn zum einen ist menschliche Nahrung nicht unbedingt bekömmlich für die Berberaffen, zum anderen sollen die Tiere es nicht lernen, von den Menschen Futter zu erwarten. Sie verlieren nämlich jeglichen Respekt und werden dabei ganz schön dreist. Bei etwa 240 Makaken, die hier oben leben, sollte man also stets auf der Hut sein und ein Auge nicht nur auf selbigen, sondern auch auf Tasche, Brille, Fotoapparat und alle anderen losen Gegenstände haben. Umso leichter fällt es mir, das obligatorische Foto vom Affen vor dem Hintergrund des spektakulären Rundblicks aufzunehmen.

Niemand weiß so genau, wie diese Tiere hierhergekommen sind. Knochenfunde legen nahe, dass es schon zur Zeit der Neandertaler solche Affen auf Gibraltar gegeben hat. Doch die heutige Population stammt wohl von Exemplaren ab, die die Mauren während ihrer Herrschaft eingeführt haben. 1943 schrumpfte der Bestand dramatisch, weil schwere Erkrankungen den Makaken mehr und mehr zu schaffen machten. Da schritt Winston Churchill persönlich ein und ließ neue Berberaffen aus Marokko importieren. Der Verdacht lag nämlich nahe, dass jahrhundertelange Inzucht die gibraltarische Population geschwächt hatte. Und ein Aussterben der Makaken von Gibraltar konnte der Premierminister unter keinen Umständen riskieren. Seit das Geschrei der Affen die Engländer im 18. Jahrhundert vor sich anschleichenden französischen und spanischen Soldaten warnte, weiß die Legende nämlich, dass Gibraltar nur so lange britisch bleiben wird, wie es Affen auf dem Felsen gibt. Und auf gar keinen Fall wollen die Briten die kleine Landzunge wieder hergeben, weder damals, noch heute, noch irgendeines fernen Tages in der Zukunft.

Fideos al horno – ein Nudelauflauf

Zutaten für 4 Personen:

500 g kurze Nudeln (z.B. Makkaroni oder kurze Spaghetti)
500 ml Milch
200 g gekochter Schinken
150 g geriebener Hartkäse
50 g Butter
50 g Mehl
½ Bd. Blattpetersilie
Olivenöl
Muskatnuss
Salz
Pfeffer

Zubereitung:

Die Nudeln in gesalzenem Wasser bissfest kochen und abgießen. Den Schinken in kleine Stückchen hacken. Die Petersilienblättchen abzupfen und ebenfalls hacken. Die Butter in einem Topf schmelzen lassen, das Mehl hinzugeben und unter Rühren mit dem Schneebesen kurz anschwitzen, dann die Milch angießen und dabei gut weiterrühren. Salzen, pfeffern, mit Muskatnuss würzen und unter Rühren köcheln, bis eine sämige Sauce entstanden ist.

Eine Auflaufform mit Olivenöl einpinseln und ein Drittel der Nudeln hineinfüllen. Die Hälfte von Schinken und Petersilie sowie ein Drittel des Käses darüberstreuen, mit einem Drittel der Sauce bedecken. Ein weiteres Drittel der Nudeln darauf verteilen, die verbliebene Hälfte von Schinken und Petersilie sowie noch ein Drittel des Käses darübergeben und ein Drittel der Sauce darübergießen. Nun die letzten Nudeln darauf verteilen, mit der restlichen Sauce übergießen und mit dem übrigen Käse bestreuen.

Den Backofen auf 180°C vorheizen und den Auflauf 45 Minuten lang überbacken, bis die Oberseite goldbraun ist.

Dieser Auflauf ist in ganz Spanien beliebt, besonders aber auf Gibraltar, wobei die Briten auch gerne noch Schimmelkäse, Knoblauch, Zwiebeln, Tomaten, Wein und/oder Pilze hinzugeben.

Calentita – ein Brot aus Gibraltar

Zutaten für 4 Personen:

250 g Kichererbsenmehl
50 ml Olivenöl
Salz
Pfeffer

Zubereitung:

Das Kichererbsenmehl und 900 ml Wasser mit dem Mixer gut zu einem homogenen Brei vermischen, salzen und pfeffern. Abdecken und über Nacht, mindestens aber 3 Stunden bei Zimmertemperatur quellen lassen.

Das Olivenöl in eine Auflaufform von etwa 20 x 30 cm Größe gießen, den Backofen auf 160°C einstellen, die Form hineinstellen und im Ofen lassen, bis er die Temperatur erreicht hat. Nun die Form herausnehmen und das Öl mit einem Pinsel an den Seitenwänden verteilen. Danach die Kichererbsenmasse hineinfüllen und die Form zurück in den Ofen stellen. Ca. 1 Stunde lang backen, bis die Oberseite zu bräunen beginnt. Herausnehmen, aus der Form stürzen und in kleine Quadrate schneiden.

Schlammschlacht der Hobbits – ein Märchenland im Osten Andalusiens

Sind die Spanier jetzt völlig verrückt geworden? Das könnte man zumindest meinen, kommt man am 6. September nach Baza, einer unauffälligen und reichlich unbekannten Kleinstadt östlich von Granada, die am Rand des Naturparks Sierra de Baza liegt. Erst bei genauerem Hinsehen erweist sich Baza als sehr speziell. Zumindest heute, denn die Straßen der Stadt wimmeln von Menschen, die am ganzen Leib mit dunkler, öliger Schmiere beschmutzt sind. Die Spannung, die in der Luft liegt, ist zudem fast mit Händen zu greifen. Denn die Schmutzfinken warten ungeduldig auf einen Mann aus der knapp 50 Kilometer entfernten Stadt Guadix.

Der ist schon längst unterwegs. Er trägt eine bunte Hose, die an das Kostüm eines Harlekins erinnert. Vor allem aber ist er blitzsauber. Doch das darf er unter keinen Umständen bleiben, wenn es nach dem Willen der Bewohner von Baza geht. Denn diesen Mann trägt sich mit unlauterer Absicht.

Er ist der Cascamorras, und er kommt mit einem heiligen Auftrag. Nichts Geringeres plant er, als eine Marienfigur aus Bazas Kirche La Merced zu entwenden, sein gutes Recht, wie er meint. Das wollen die Einwohner von Baza jedoch verhindern.

Der Mann aus Guadix naht keineswegs alleine. Ihm folgen andere Bürger seiner Stadt. Doch sollen sie nur kommen! Ihre wehrhaften Gegner erwarten sie schon auf einem Hügel vor Baza. Grölend und drohend haben sie sich dort aufgebaut, und kaum sind die Eindringlinge da, fliegen auch schon die Fetzen. Oder besser gesagt, es fliegen Sägemehl, Schlamm und Eier, vor allem aber braun gefärbtes Öl. Denn niemand wird diesen Tag sauber überstehen. Es herrscht eine hemmungslose Schweinerei, da wird mit Dreck geworfen und gesudelt, gerangelt und gekämpft. Denn ihre Madonna wollen die Einwohner von Baza um keinen Preis hergeben.

Nach drei Tagen muss die Abordnung aus Guadix unverrichteter Dinge zurückkehren. Längst schon harrt man auf den Straßen der Heimatstadt ihrer Ankunft – und auch hier ist ein jeder von Kopf bis Fuß beschmutzt. Der Cascamorras schwingt zwar die Fahne der heiligen Jungfrau, doch kann er nicht verhehlen, dass er ansonsten mit leeren Händen kommt. Das begehrte Marienbild hat er nicht erobert. Seine Mitbürger sind scheinbar schwer enttäuscht. Lange Gesichter, wohin man auch sieht. Doch endlich kommt Leben in die Menge. Das Versagen des Cascamorras will schließlich bestraft sein! Jetzt bekommt er eine gründliche Abreibung – und zwar mit Sahne und Matsch. Erneut bricht eine wilde Dreckschlacht aus, und am Ende sind alle von oben bis unten mit sahnigem Morast besudelt. Was ist nur in die Leute gefahren?

So ganz ernst ist die Sache wohl doch nicht gemeint. Das verraten die lachenden Gesichter und die fröhliche Feier, mit der dieser Tag seinen Abschluss findet. Die bizarre Angelegenheit ist nämlich nichts als ein Volksfest, eine Tradition, die auf einer gut 500 Jahre alten Geschichte beruht.

Damals, so wird es erzählt, schuftete der Arbeiter Juan Pedernal aus Guadix in der Nachbarstadt Baza, die schon im Mittelalter zu einem bedeutenden Marktplatz erblüht war. Ihre maurische Altstadt kann man noch heute bewundern.

Inzwischen hatte die Reconquista gesiegt und die Muslime vertrieben. Nur die Moschee stellte noch einen Dorn im Auge der christlichen Bürger dar. Wie ein Schandmal ragte sie jetzt, im Jahr 1490, im Herzen von Baza empor. Der Arbeiter aus Guadix sollte helfen, sie dem Erdboden gleichzumachen.

Da entdeckte er in den Trümmern eine liebliche Marienstatue. Welch einen Segen brächte dieser kostbare Fund seiner Heimatstadt Guadix! Welche Ehre und Anerkennung würden seine Mitbürger ihm zollen, könnte er die Madonna mit nach Hause bringen! Doch wie sollte er das anstellen? Seine spärliche Arbeitskleidung bot kaum eine Möglichkeit, die Skulptur vor den Augen seiner Arbeitgeber in Baza zu verbergen.

Es kam, wie es kommen musste. Egal, wie sehr Juan auch protestieren mochte, man nahm ihm das Madonnenbildnis und stellte es in der Kirche La Merced auf. Auch dass seine Mitbürger aus Guadix scharfe Einwände erhoben, blieb zwecklos. Baza gab die Heilige Jungfrau nicht wieder her. Schließlich versuchte der verzweifelte Juan gemeinsam mit einem befreundeten Narren, sie kurzerhand zu stehlen. Doch die wehrhaften Bürger von Baza verjagten die beiden und bewarfen sie dabei mit Schmutz. Spöttisch rief man ihnen hinterer, dass sie die Madonna nehmen könnten, wenn es ihnen jemals gelingen sollte, sauber in die Kirche zu gelangen. Alljährlich am 6. September könnten sie das gerne versuchen.

Aus dieser Streiterei sollte das Volksfest Cascamorras entstehen. „Cascamorras", das bedeutet „Nussknacker", vielleicht, weil an diesem Tag stets aufs Neue eine Nuss geknackt werden soll, die doch gar nicht zu knacken ist. Cascamorras heißt auch der Möchtegern-Räuber, der sich aus Guadix auf den Weg nach Baza macht. Seine Harlekinhose lässt vermuten, dass Juan Pedernal in der Gestalt des Cascamorras mit seinem Freund, dem Narren, verschmolzen ist. Denn auch der Cascamorras wird sich zum Narren machen müssen. Und zum Glück ist der scheinbar so erbitterte Zank zwischen Baza und Guadix nichts weiter als bloß ein ausgelassenes Spiel.

Die Kontrahenten aus beiden Städten verbindet noch eine weitere Besonderheit, und die ist mindestens genauso exotisch wie die Schlammschlacht um den Cascamorras. Denn in Baza gibt es Höhlenwohnungen, und in Guadix sogar noch viel mehr. Guadix ist tatsächlich eine Stadt der Höhlen!

Wir sind im Mai nach Guadix gekommen, um diese fremdartige Wohnkultur zu bestaunen. Zu dieser Jahreszeit wird uns zwar kein Cascamorras begegnen, dafür sind wir heute so ziemlich die einzigen Touristen in Guadix. Die Faszination, die diese kleine Stadt ausübt, scheint sich noch nicht wirklich herumgesprochen zu haben. Wir stehen auf dem Mirador Padre Poveda, einer erhöhten Plattform im Herzen der Höhlenstadt, und sprachlos betrachten wir die Umgebung. Wie ein Schutzwall säumen steile Felswände aus rötlichem Sandstein den Horizont der Stadt. In der Ferne erheben sich die Berge der Sierra Nevada, nicht weit von uns sehen wir die imposante Alcazaba, eine maurische Festung aus dem 11. Jahrhundert.

Doch als wäre das nicht schon sehenswert genug, öffnet sich zu unseren Füßen eine Landschaft aus etlichen runden Buckeln und jählings aufsteigenden Felsen. Sie ist durchzogen von weißen Mäuerchen und den Fronten kleiner Häuser, die sich unvermittelt im sandbeigen Stein verlieren. Rings um uns ragen schneeweiße Schornsteine aus dem grasbewachsenen Untergrund und verraten, dass der wohl von verborgenen Wohnstätten durchzogen sein muss. Es scheint, als befänden wir uns mitten in einer Stadt der Hobbits!

Rote Ziegel über den frisch getünchten Fassaden von Häusern, die plötzlich im Hang verschwinden, hübsche Gärtchen, hinter denen ein gähnendes Loch ins dunkle Nichts zu führen scheint. Enge Schluchten zwischen kugeligen Hügeln, die wie Zwergenmützen wirken. So unwirklich erscheint das alles, als habe ein fantasiebegabter Künstler eine aberwitzige Spielzeugwelt erschaffen. Nur die gewundenen Wege, die allgegenwärtigen Stromleitungen, die Mülltonnen und die Straßenlaternen verraten, dass die Menschen hier wohl ein weitgehend normales Leben führen.

Manche der strahlend weißen Häuserfronten sind geschwungen und mit Zinnen verziert, als seien sie maurische Paläste. Andere wiederum sehen ärmlich und verfallen aus, längst sind sie mit der Farbe des Gesteins verschmolzen. Ein Hund, blassbraun wie der Untergrund, liegt an einer Kette, hinter ihm führt eine rostige Tür hinein in die Felswand. Davor ist eine grüne Plastikplane aufgespannt, sie spendet einem durchgesessenen Sofa Schatten. Verwaschene Handtücher und Hemden baumeln an einer Wäscheleine, in einer Felsnische beugt sich ein Mann über seinen Grill.

Als Troglodytos bezeichnet man das Höhlenviertel im Süden der Stadt Guadix. In den Sechziger- und Siebzigerjahren verließen viele Bewohner diese Siedlung, weil sie lieber in modernen Apartments leben wollten. Nur Künstler und Gitanos blieben zurück, noch immer ist das Höhlenviertel für seine kreativen Töpfereien bekannt. Doch in den Achtzigerjahren änderte sich der Trend, die Anziehungskraft der Höhlenwohnungen wuchs. Der wirtschaftliche Status ihrer Besitzer bewegt sich deshalb heute in einem Spektrum der Extreme. Hier leben Menschen in tiefster Armut, andere hingegen genießen satten Wohlstand und haben ihre Höhlen zu Luxusdomizilen ausgebaut, die keinen Komfort entbehren lassen. Troglodytos ist eine höchst ungewöhnliche Welt. Wenn auch geprägt von Gegensätzen, fügt es sich insgesamt doch in Harmonie und Stimmigkeit zusammen.

Einige der Höhlen sind natürlichen Ursprungs, gut im Felsen versteckt wurden sie schon früh als Lagerräume genutzt, in Kriegswirren dienten sie als Versteck. So blieb es den Menschen nicht verborgen, dass diese Höhlen ein ideales Wohnklima zu bieten haben. Mit konstanten Temperaturen von um die 20 Grad bleibt es hier selbst im heißesten Sommer stets angenehm kühl. Und wenn im Winter eisige Winde von den Hängen der Sierra Nevada herunterpfeifen und es in der 950 Meter hohen Ebene von Guadix empfindlich kalt werden lassen, bieten die Höhlen ein Refugium wohliger Wärme. Die meisten Wohnhöhlen sind deshalb schon während des Mittelalters in den Untergrund geschlagen worden. Dessen Gestein ist leicht zu bearbeiten und bietet dennoch festen Halt, wenn man darauf achtet, nicht zu große Räume zu bauen und ausreichend dicke Wände stehenzulassen. Eine neue Höhle auszuschachten, dauert oft nur wenige Tage. Wächst die Familie und benötigt ein weiteres Zimmer, so kann man die Wohnung deshalb jederzeit problemlos erweitern. Ideale Voraussetzungen also für die Entstehung einer ganzen Höhlenstadt.

Bei unserem Spaziergang durch Guadix steigen wir den Leuten unvermeidlich aufs Dach. Meist verraten nämlich nur die Schornsteine, wo sich im Untergrund der grasigen Hügel ein Haus verbirgt. Doch die Menschen sind freundlich, überall begrüßen uns strahlende Gesichter. Eine alte Frau spricht uns an und lädt uns dazu ein, das Höhlenmuseum zu besuchen. Nach Guadix kommen selbst im Zeitalter des Overtourism noch immer nur so wenige Besucher, dass man sich hier tatsächlich über jeden einzelnen zu freuen scheint. Und möchte man herausfinden, wie es sich in einer Wohnhöhle lebt, kann man ein Gästezimmer mieten. Manche Höhlenbesitzer öffnen auch gegen einen kleinen Obolus Neugierigen ihre Pforte. Doch leider müssen wir weiter. Auf uns wartet der Nationalpark der Sierra Nevada mit seinen schneebedeckten Gipfeln, von denen der höchste, der Mulhacén, beachtliche 3.482 Meter gen Himmel ragt. Und auf dem Weg dorthin liegt ein weiteres Highlight: das Castillo de La Calahorra.

Ich bin durch Fotos an Postkartenständern in Granada auf diese bemerkenswerte Burg aufmerksam geworden. Sie ist eine berückende Erscheinung, wie sie mit ihren vier runden Türmen auf einem kahlen Bergrücken thront. Bleich setzt sich dieser von den dunkel bewaldeten Höhenzügen der Sierra Nevada im Hintergrund ab. Nicht minder betörend ist das winterliche Bild, wenn Schnee die Berge bedeckt und La Calahorra sich wie eine goldene Krone davor erhebt.

Das Halbrund der Kuppeln auf ihren gedrungenen Türmen gibt La Calahorra eine orientalische Anmutung und weckt den Verdacht, dass es sich um eine maurische Festung handelt. Doch weit gefehlt, nur ein kleiner Teil ihres Gemäuers ist ein Überbleibsel der arabischen Burg, die sich einst an dieser Stelle befand. La Calahorra entstand zu Beginn des 16. Jahrhunderts und gilt als einer der frühesten Renaissancepaläste italienischer Art, der in Spanien errichtet wurde. Die Mauern der Burg umschließen einen galeriengesäumten Innenhof, dessen Renaissancepracht die nüchtern und abweisend erscheinenden Außenwände kaum erahnen lassen.

So brachte denn auch La Calahorras Bauherr Don Rodrigo die Ideen und Pläne für diese Burg von einer Italienreise mit. Er war ein illegitimer Sohn des aus Guadix stammenden Kardinals Pedro de Mendoza, der sich seinerseits um das Erstarken des humanistischen Gedankens in einer von Inquisition und Fanatismus geprägten Zeit bemühte. Und nicht nur das, seiner Fürsprache ist es ganz wesentlich zu verdanken, dass sich die Katholischen Könige Isabella und Ferdinand zur Finanzierung der Expedition des Christoph Kolumbus entschlossen.

Die Schönheit La Calahorras wirkt geheimnisvoll und unnahbar. Und umso surrealer, als wir gerade erst die immensen Solarfelder aus mehr als 200.000 Parabolspiegeln passiert haben, mit denen das Kraftwerk Andasol 3 die Ebene am Fuße der Burg in Beschlag nimmt. Der Umfang dieser Fläche beträgt elf Kilometer, der Weg einmal rundherum ist also fast so weit wie der um ganz Gibraltar! Es handelt sich um eine von drei solarthermischen Anlagen auf dieser weiten Hochebene, sie wurde 2011 fertiggestellt und erzeugt bis zu 50 Megawatt Strom.

Der Nachteil dieser Anlagen ist ihr hoher Wasserverbrauch, zumal in dieser heißen und extrem trockenen Umgebung. Umso mehr genießen wir die kühle Luft, als wir endlich die Höhen der Sierra Nevada erreicht haben. „Schneebedecktes Gebirge" bedeutet ihr Name, und dem macht sie auch jetzt im Mai noch alle Ehre. Wie mit Puderzucker bestäubt säumen die Höhenrücken den stahlblauen Himmel, und die Ebene dehnt sich von hier oben betrachtet zu einem Horizont von schier endloser Weite.

Ein Observatorium liegt in fast 3.000 Metern Höhe, es muss ein erhabenes Gefühl sein, dem Himmel so nah zu sein und die Sterne zu betrachten. Doch mein Blick hat sich längst zu Boden gerichtet. Denn hier scheinen die Sterne milliardenfach wider! Das vorherrschende Gestein der Sierra Nevada ist Glimmerschiefer, dessen blättrige Paralleltextur auch die abgerundete Form ihrer Berge erklärt. Und dieses Mal überträgt sich meine Begeisterung für die Geologie sogar auf unsere Kinder. Der Zauber all der glitzernden Schätze lässt ihr Herz höherschlagen. Das ganze Gebirge scheint ja aus reinem Silber zu bestehen!

Es fällt mir schwer, ihnen die Illusion zu rauben. Eines aber ist gewiss: Im Osten Andalusiens verbirgt sich ein wahrhaftiges Märchenland, und es ist überreich an Mysterien.

Empanadas – spanische Teigtaschen

Zutaten für 4 Personen:

300 g Mehl
200 g Quark
400 g Rinderhackfleisch
1 Ei
50 ml Milch
50 g Rosinen
30 g Pinienkerne
1 Zwiebel
1 rote Chilischote
2 Knoblauchzehen
1 Tl Backpulver
1 Tl Kreuzkümmel
Olivenöl
Salz und Pfeffer

Zubereitung:

Das Mehl mit Backpulver, Quark, Ei sowie 2 El Olivenöl in eine Schüssel geben, salzen und zu einem glatten Teig verkneten. Zu einer Kugel formen, fest in Frischhaltefolie einwickeln und für 2 Stunden in den Kühlschrank legen.

Zwiebel und Knoblauchzehen schälen, die Chilischote längs aufschneiden und entkernen, alles fein hacken. Die Pinienkerne in einer Pfanne ohne Fett goldbraun rösten. Herausnehmen, nun etwas Olivenöl in der Pfanne erhitzen, Zwiebeln und Knoblauch darin glasig anbraten, dann Hackfleisch und Chili hinzugeben. Mit der Gabel zerdrücken und kräftig anbraten. Pinienkerne und Rosinen hinzugeben, mit Kreuzkümmel, Salz und Pfeffer würzen.

Den Teig dünn ausrollen und Kreise von ca. 15 cm Durchmesser daraus schneiden. Jeweils einen Klecks der Füllung in die Mitte geben, die Teigränder mit Wasser anfeuchten, den Kreis zusammenklappen und an den Rändern mit der Gabel gut andrücken. Den Backofen auf 180°C vorheizen. Ein Backblech mit Backpapier auslegen, die Empanadas darauflegen und ihre Oberseite mit Milch bepinseln. In den Ofen schieben und ca. 20 Minuten backen, bis die Oberseite goldbraun ist.

Die Füllung der Empanadas lässt sich nach Herzenslust variieren, z. B. mit Schafskäse, Tomaten, Gemüse, Oliven oder Kidneybohnen. Auf den Balearen verspeist man sie gerne zu Ostern, dann werden sie auch „Panades" genannt. Der Teig ist dabei neutral oder mit Orangensaft gesüßt, die Füllung besteht oft aus Lammfleisch, Erbsen oder Fisch.

In ganz Spanien ist Thunfisch als Füllung für Empanadas besonders beliebt, in Galicien, der Ursprungsregion der Empanadas, nimmt man auch gerne Meeresfrüchte. An einem Portal der Kathedrale von Santiago di Compostela zeigt ein Relief die älteste Darstellung einer Empanada. Denn besonders bei den Pilgern waren sie als Wegzehr beliebt. Aber sie eigenen sich natürlich auch als Proviant für einen Ausflug in die Sierra Nevada.

Tomaten und Utopie – valencianische Gegensätze

Ja, jetzt bin ich mir ziemlich sicher: Die Spanier müssen verrückt sein! Ich bin Ende August nach Buñol gekommen, das ist eine Kleinstadt mit nicht einmal 10.000 Einwohnern. Sie liegt am Ufer des gleichnamigen Flusses, umgeben von Bergzügen und knappe 40 Kilometer westlich von Valencia. Eine ganz normale spanische Ortschaft mit hell getünchten Häuser und kleinen Gassen. An manchen Ecken wirkt sie ein bisschen morbid und an gewöhnlichen Tagen ziemlich verschlafen. Plantagen von Johannisbrotbäumen, Mandeln, Oliven und Rebstöcken bilden die Basis der lokalen Landwirtschaft. Aber es ist eine andere Frucht, die Buñol weltbekannt gemacht hat, und zwar auf eine wirklich erstaunliche Art und Weise.

Denn alljährlich am letzten Mittwoch im August findet hier die Tomatina statt, ein Volksfest, dessen exzessive Rauschhaftigkeit kaum zu überbieten ist. Was den Bewohnern von Guadix und Baza der Matsch, das ist denen von Buñol die Tomate. Bis zu 145 Tonnen Tomaten werden am Morgen dieses Tages in die Stadt gekarrt. Wahre Menschenmassen haben sich auf der Plaza del Pueblo versammelt und harren ungeduldig der Dinge. Um Punkt zehn Uhr geht es los. Zunächst soll ein Baumstamm bezwungen werden, an dessen Spitze ein Schinken befestigt ist. Der muss jetzt heruntergeholt werden, was aber gar nicht so einfach ist, denn der Stamm ist mit Schmierseife eingerieben. Trotzdem lassen sich die Wagemutigsten nicht von der rutschigen Herausforderung abhalten. Eine Stunde lang haben sie Zeit, sobald jemand den Schinken erreicht, ertönt ein Signal und eröffnet die eigentliche Schlacht.

Nun, da sie endlich losgelassen, bricht unter den Anwesenden die pure Anarchie aus. Jeder bewirft jeden mit Tomaten, Platz und Gassen verwandeln sich im Handumdrehen in Kessel voller Tomatensuppe. Ausnahmslos jeder ist von oben bis unten mit roter Pampe bekleckert, und die Fassaden der Häuser wirken, als habe es ein Blutbad gegeben.

Nach einer weiteren Stunde ist Schluss, das gebietet der Ehrenkodex der Tomatina. Nun beginnt das große Reinemachen, Putzkolonnen kämpfen mit Schmutzschiebern, Feuerwehrmänner mit Spritzen gegen den omnipräsenten Brei. Eine Frau fährt sich durchs Haar, und dicke rote Tropfen fallen hinab, eine andere wringt die Sauce aus ihrem T-Shirt. Ein paar Männer haben sich erschöpft, aber offensichtlich zufrieden mitten in das Püree gesetzt. Einer hat die Schwimmbrille, mit der er seine Augen geschützt hat, auf die Stirn geschoben, auf seiner Nasenspitze klebt ein dicker roter Klumpen. Entspannt zurückgelehnt blickt er grinsend auf die Bescherung ringsum, die Hände, mit denen er sich abstützt, sind ganz im Brei verschwunden. Er ist kein Spanier, sondern US-Amerikaner, und er ist extra angereist, um dieses Spektakel mitzuerleben. Tatsächlich kommen die Schlachtenbummler aus aller Herren Länder, nur ein kleiner Teil der Tomatenmatscher rekrutiert sich aus Einheimischen.

Die wahrhaft altrömisch anmutende Dekadenz, auf derart vergeuderische Weise mit Lebensmitteln umzugehen, scheint eine enorme Anziehungskraft auszuüben. Anfang der 2010er Jahre balgten sich bis zu 50.000 Menschen hemmungslos wie die Kindergartenkinder in den Gassen von Buñol. Zu viel, entschied der Stadtrat, seit 2013 wird die Teilnehmerzahl deshalb durch Tickets begrenzt. 5.000 davon erhalten Einheimische, die restlichen 15.000 landen im Vorverkauf, wo sie weggehen wie warme Semmeln. Oder sollte man besser sagen, wie matschige Tomaten?

Denn überreif und matschig müssen sie sein, die Tomaten der Tomatina. Und bevor sie geworfen werden, zerdrückt man sie auch noch in der Hand. Schließlich ist das Ganze ja ein Spaß, Verletzungen will man tunlichst vermeiden. Deshalb dürfen die Teilnehmer auch weder Glasflaschen mitnehmen noch sich übermäßigem Alkoholgenuss hingeben. Dafür ist hinterher immer noch Zeit, wenn alle wieder sauber sind. Um das zu ermöglichen, baut die Stadt Duschen am Bahnhof auf, manche Einheimische stellen ihre Gartenschläuche zur Verfügung.

Sauerei hin, Sauerei her, die Einwohner von Buñol schätzen diese Tradition. Die Tomatina findet seit den Vierzigerjahren des letzten Jahrhunderts statt. Obwohl das noch gar nicht so lange her ist, will sich trotzdem niemand mehr so recht erinnern können, wie es eigentlich dazu kam. Hat ein Passant einen Straßenmusiker mit Tomaten beworfen, und dieser warf sie kurzerhand zurück? Sind Nachbarn in Streit geraten und haben sich mit Tomaten bombardiert? Begann alles mit einer Parade im August 1945, die aus den Fugen geriet? Oder fußt die Angelegenheit vielmehr im Protest gegen das Franco-Regime und hat somit einen politischen Hintergrund? Man weiß es nicht. Fest steht nur, dass die Tomatina laut Guinness Buch der Rekorde die größte Lebensmittelschlacht der Welt ist, obwohl es mittlerweile einige Nachahmer gibt.

Entsprechend schwierig ist es, in dieser Zeit noch ein Hotelzimmer in Buñol zu ergattern. Ich selbst habe mich in Valencia einquartiert und bin ganz froh, als ich wieder dorthin zurückkomme. Wie sauber und geordnet es hier zugeht! Und das, obwohl Valencia nach Madrid und Barcelona die drittgrößte Stadt Spaniens ist. Knapp 800.000 Menschen leben hier, rechnet man die Vororte hinzu, sind es sogar zwei Millionen.

Valencia ist eine prächtige Stadt mit einer langen Geschichte, die mit der Gründung durch einen römischen Konsul im Jahr 138 v. Chr. beginnt. Ihr Wahrzeichen ist der Torres de Serranos aus dem 14. Jahrhundert, ein Jahrhundert jünger ist der Gotikbau der Seidenbörse, der Lonja de la Seda. Es gibt eine Kathedrale sowie eine große Stierkampfarena. Und auch in der Autonomen Gemeinschaft Valencia ist man stolz darauf, mit dem Valencianischen eine eigene Sprache zu besitzen. Deshalb sind die Bewohner der Region traditionell zweisprachig. Höchstwahrscheinlich handelt es sich um eine Variante des bei den nordöstlichen Nachbarn gesprochenen Katalanischen. Traditionalisten widersprechen dieser These allerdings vehement, da sie Wert auf die Eigenständigkeit ihrer Heimat und die demonstrative Abgrenzung zu Katalonien legen.

In diesen Streit will ich mich nicht einmischen, und nach den archaischen Erfahrungen in Buñol ist mir ohnehin nach etwas ganz Gegenteiligem zumute. Genau das hat Valencia zu bieten. Es ist die Ciutat de les Arts i les Ciències, die „Stadt der Künste und der Wissenschaften". Schwungvoll, futuristisch, strahlend hell und vor allem frei von Tomatensauce reihen sich die Gebäude dieses neuen Stadtteils am früheren Flussbett des Turia aneinander, verbunden durch einen Park und etliche Wasserflächen.

Wie ein gigantischer Käfer wirkt L'Hemisfèric auf mich, zumindest von vorne betrachtet. Der Architekt hat bei seinem Entwurf für dieses Bauwerk allerdings ein menschliches Auge im Sinn gehabt. In der Seitenansicht wird das spätestens nach Einbruch der Dunkelheit deutlich, denn das beleuchtete

L'Hemisfèric spiegelt sich jetzt im Wasser und lässt die Halbkugel in seinem Inneren wie eine Pupille zwischen scheinbar bewimperten Lidern hervortreten.

Diese Form steht zugleich symbolisch für das Auge der Weisheit und dafür, dass das bizarre Konstrukt seine Besucher in erster Linie mit visuellen Erlebnissen beeindruckt. Unter dem 100 Meter langen Dach beherbergt L'Hemisfèric einen Saal mit einer 900 Quadratmeter großen konkaven Leinwand, die als 3D-Kino, als Planetarium oder im Rahmen von Lasershows genutzt wird. Hier werden vor allem wissenschaftliche Themen dargestellt, die verschiedenen Screenings veranschaulichen zum Beispiel afrikanische Lebenswelten, das alte Ägypten, die Evolution oder die Zeit der Dinosaurier.

L'Hemisfèric wurde 1998 eröffnet und ist damit das älteste der sieben spektakulären Bauwerke, die sich zur Stadt der Künste und Wissenschaften zusammenfinden. Gleich nebenan erstreckt sich das Museu de les Ciències Príncep Felip wie das bleiche Gerippe eines vorzeitlichen Seeungeheuers. Es präsentiert eine interaktive Wissenschaftsausstellung auf einer Fläche von 26.000 Quadratmetern, gespickt mit erstaunlichen Experimenten und Demonstrationen.

Weiter geht es mit L'Umbracle, einem offenen Gewölbe aus scheinbar schwerelosen Bögen, 320 Meter lang und 18 Meter hoch. Darunter versammeln sich 50 verschiedene Pflanzenarten, zum Beispiel Zistrosen, Pistazien, mittelamerikanische Wunderblumen oder Bitterorangen. Letztere nennt man auch Pomeranzen oder aber Sevilla-Orangen, weil sie schon seit dem 11. Jahrhundert in Spanien und ganz besonders in der Gegend von Sevilla angepflanzt werden. Mehr als 14.000 Pomeranzenbäume säumen die Straßen Sevillas und verströmen ihr betörendes Aroma. Beißt man erwartungsvoll in ihre verlockenden Früchte, so erlebt man allerdings eine herbe Enttäuschung. Denn Bitterorangen machen ihrem Namen alle Ehre. Man nutzt sie zur Herstellung von Aromaessenzen, vor allem aber, um unter Zugabe von reichlich Zucker Orangenmarmelade daraus einzukochen.

Neben den Pomeranzen sind es vor allem die hohen Palmen, welche L'Umbracle die Anmutung eines orientalischen Zaubergartens schenken. Exakt 99 davon säumen die Promenade unter den schwungvollen Bögen des Gewächshauses. Hier gibt es außerdem eine Ausstellung zeitgenössischer Skulpturen, und im Unterbau verbirgt sich die Diskothek Mya mit ihren drei Floors. Im Sommer dient ganz L'Umbracle als Kulisse für Freiluftpartys unter Palmen, aber auch für Festbankette, repräsentative Veranstaltungen oder für den Brunch am Sonntagmorgen. Mit seinen beleuchteten Bögen bietet das skurrile Gewächshaus besonders nachts einen betörenden Anblick.

Das vierte der Bauwerke heißt L'Oceanogràfic und wurde 2003 eröffnet. Insgesamt 42 Millionen Liter Wasser machen es zum größten Aquarium von ganz Europa, den Löwenanteil davon beansprucht allein das riesige Delfinarium. L'Oceanogràfic beherbergt 45.000 Tiere aus 500 verschiedenen Arten der Welt, darunter Haie, Walrosse und Belugawale, aber auch Vögel, Reptilien oder Quallen. Das Gebäude präsentiert sich wie eine wuchtige Austernschale, während durch den davorliegenden Teich majestätisch und graziös ein paar Flamingos schreiten.

Weil bei all dieser Augenpracht, all diesen Natur- und Wissensschätzen bisher nur das Ohr ein bisschen zu kurz gekommen ist, füllt das Palau de les Arts Reina Sofía seit 2005 diese Lücke. Dabei handelt es sich um ein Opernhaus, und auch bei dessen Konzeption hat der Architekt alles gegeben, damit es den anderen Bauten des Ensembles in nichts nachstehen muss.

Es wirkt wie der gigantische weiße Kopf eines Vogels mit nach vorne gerichtetem Schopf und ist insgesamt auf extravagante Weise gebogen. Mit 230 Metern Länge und bis zu 75 Metern Höhe ist es vom umbauten Volumen her das größte Opernhaus der Welt. Neben seiner Sala Principal für 1.412 Gäste gibt es eine Konzerthalle für weitere 1.490 Besucher, einen Kammermusiksaal mit 400 Plätzen sowie ein Theater für 400 Zuschauer im Untergeschoss. All dies macht das Palau de les Arts Reina Sofía zu einem Auditorium der Superlative.

Die 180 Meter lange Brücke Pont de l'Assut de l'Or fügte diesem Versuchslabor architektonischer Utopien 2008 noch ein luftiges Element hinzu. Wie Harfensaiten spannen sich ihre Stahlseile aus dem 125 Meter hohen Pylonen, der gleichzeitig den höchsten Punkt der Stadt Valencia bildet. Diese unkonventionelle Brücke lässt mich sogleich an die Samuel Beckett Bridge von Dublin denken, die ihr ganz ähnlich ist. Und das ist kein Wunder, denn beide hat der valencianische Architekt Santiago Calatrava erschaffen. Eine weitere derartige Brücke hat er für die Stadt Sevilla konzipiert.

Auch das Opernhaus Palau de les Arts Reina Sofía entstammt seiner Inspiration. Eine vergleichbare Halle schuf er mit dem 2003 fertiggestellten Auditorio de Tenerife, das längst zum Wahrzeichen der Kanareninsel aufgestiegen ist. Beide Musikpaläste sind mit weißen Keramikkacheln verblendet, die Verwendung dieser Technik versteht Calatrava als Referenz an Antoni Gaudí, der sie vielfach zum Einsatz brachte.

Wie sein berühmtes künstlerisches Vorbild ist auch Santiago Calatrava höchst kreativ und vor allen Dingen voller Schaffenskraft. Seine Werke kann man in Bilbao, Sevilla und Barcelona bewundern, darüber hinaus in vielen anderen Städten der Welt, mögen sie Toronto, Dallas, Athen oder Zürich heißen, Venedig, Jerusalem, Berlin oder New York. Es kann nun nicht mehr überraschen, dass bis auf L'Oceanogràfic auch die anderen architektonischen Ikonen in Valencias Stadt der Künste und der Wissenschaften Calatravas überreichem Ideenschatz entsprungen sind.

Damit, so denke ich, hätte die Ciudad de las Artes y de las Ciencias doch eigentlich alles zu bieten und ließe keine Wünsche mehr offen. Doch da habe ich die Großveranstaltungen völlig vergessen! Noch einmal musste Stararchitekt Calatrava antreten, dieses Mal entwarf er ein irrwitziges Multifunktionsgebäude. L'Àgora, das sich gleich hinter der Brücke erhebt, sieht aus wie eine aufrechtstehende Muschel mit blauer Basis und weißem Rand. Sein Inneres fasst mehr als 6.000 Schaulustige und findet Nutzung für Konzerte, Messen und Sportveranstaltungen, in der Weihnachtszeit wird es zur Eislaufhalle umfunktioniert. Außerdem war L'Àgora schon Austragungsort der Campus-Party, einem gigantischen LAN-Treffen der Computer-Freaks aus aller Welt, das 1997 in Spanien aus der Taufe gehoben wurde und zehn Jahre später um die ganze Welt zu tingeln begann.

Was soll ich sagen? Der jüngste Stadtteil Valencias raubt mir wirklich den Atem. Als atemberaubend erwiesen sich allerdings auch die Baukosten, und noch wirkmächtiger die Folgen der Rezession, die Spanien im Zuge der großen Weltfinanzkrise ab 2008 in ihren Strudel riss. Einige Gebäude der Ciudad de las Artes y de las Ciencias mussten für mehrere Jahre schließen, weil die Stadt Valencia in die Zahlungsunfähigkeit schlitterte und die hohen Betriebskosten nicht mehr tragen konnte. Wie sich die Corona-Krise, die Spanien so besonders hart getroffen hat, langfristig auf die Stadt der Künste und der Wissenschaften auswirken wird, bleibt abzuwarten. Hoffentlich erweist sich nicht alles als bloße Utopie und viel zu schön, um wirklich wahr zu sein.

Paella valenciana

Zutaten für 4 Personen:

1 Brathähnchen
300 g Rundkornreis (am besten spanischer Bomba-Reis)
125 g dicke weiße Bohnen (getrocknet)
250 g Schnittbohnen
4 Tomaten
1 Zitrone
4 Zweige Rosmarin
3 Knoblauchzehen
3–4 Safranfäden
2 Tl edelsüßes Paprikapulver
Olivenöl, Salz, Pfeffer

Zubereitung:

Die weißen Bohnen über Nacht in ungesalzenem Wasser einweichen, dann abgießen. Die Safranfäden in ¼ l warmes Wasser geben, 10 Minuten einweichen lassen und anschließend gut verrühren. Das Hähnchen mit der Geflügelschere in 12 Stücke zerlegen, waschen, trocken tupfen, ringsum salzen und mit dem Paprikapulver würzen. Die Schnittbohnen putzen und in ca. 2 cm lange Stücke schneiden, die Knoblauchzehen häuten und fein hacken. Zwei der Tomaten fein würfeln. Die Zitrone in 8 Spalten schneiden.

In einer großen Pfanne (am besten aus Gusseisen) einen guten Schuss Olivenöl erhitzen und die Hähnchenteile 10 Minuten ringsum kräftig braten. Herausnehmen, auf einen Teller legen und pfeffern. Nun die Schnittbohnen sowie den Knoblauch in die Pfanne geben und kurz kräftig anbraten, dann die Tomatenwürfel hinzugeben und die beiden verbliebenen Tomaten darüber reiben. Mit 1 ¼ l warmem Wasser aufgießen, auch das Safranwasser hinzugeben. Aufkochen, dann die Hitze reduzieren, salzen, pfeffern und die weißen Bohnen sowie den Reis gut unterrühren, bis alles gleichmäßig verteilt ist. Das Fleisch mit der Hautseite nach oben darauflegen und zuoberst die Rosmarinzweige auflegen.

Bei milder Hitze 20 Minuten köcheln lassen, keinesfalls umrühren. Anschließend mit Alufolie locker abdecken und weitere 5 Minuten ziehen lassen. Danach die Alufolie entfernen, die Zitronenspalten ringsum am Rand platzieren und servieren, indem man die Pfanne mitten auf den Tisch stellt. Jeder Gast bedient sich selbst.

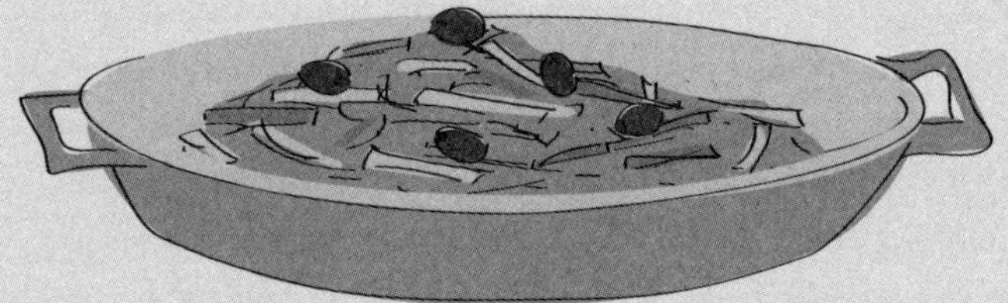

Vom Nachtalb zum Naturparadies – am Rand der Pyrenäen

Welche Widrigkeiten die Zukunft auch immer bringen mag, eines ist den Spaniern nicht zu nehmen. Sie sind wahre Visionäre, deren Kreativität mitunter die Grenzen des Denkens sprengt, wie es die kaum eines anderen Volkes vermag. Denken Sie nur an Ferran Adrià, der mit seiner Molekularküche jahrtausendealte Gepflogenheiten der Köche unserer Welt mit einem Handstreich über den Haufen warf. Oder denken Sie an den exzentrischen Surrealisten Salvador Dalí.

Dalí wurde 1904 im katalanischen Figueres geboren, einer Kleinstadt, die nur gut 20 Kilometer von der französischen Grenze entfernt zwischen den Klippen der Costa Brava und den Ausläufern der Pyrenäen liegt. Schon als Kind soll Dalí durch auffälliges Verhalten und ausgeprägte Renitenz reichlich Staub aufgewirbelt haben, charakterliche Merkmale, die für sein ganzes Leben maßgeblich werden sollten.

Als Musterbeispiel einer unangepassten Persönlichkeit widersetzte er sich allem, was der Mehrheit seiner Mitmenschen als lieb und wohlvertraut galt. Damit machte er sich nicht nur Freunde, weder im künstlerischen noch im privaten Bereich. Dennoch folgte Dalí seiner persönlichen Inspiration mit unerschütterlicher Konsequenz. Bereits in seinen frühen Schaffensjahren experimentierte er nicht nur mit avantgardistischen Ausdrucksformen, er eckte auch mit seiner politischen Überzeugung an. Welcher Natur diese wirklich gewesen ist, darüber streiten die Experten bis zum heutigen Tag.

Tatsache ist, dass Dalí sich aus den linken Kreisen, in denen er als junger Mann verkehrte, schon bald zurückzog und stattdessen in den Verdacht der ideologischen Nähe zu faschistischem Gedankengut geriet. Er äußerte Bewunderung für Adolf Hitler und irritierte später durch seine vertrauliche Haltung gegenüber Diktator Franco. Wohlmeinende Stimmen begründen dies mit Opportunismus, da es Dalí hauptsächlich darum gegangen sei, in Ruhe arbeiten zu können. Betrachtet man seinen Lebenslauf, den Provokationen, ungenierte Selbstdarstellung und hemmungslose Exzesse markierten, erscheint diese Argumentation allerdings etwas dünn. Er selbst wies es aber vehement von sich, je einer politischen Doktrin gefolgt zu sein. Er sei immer nur Dalí und nichts anderes gewesen, betonte er.

Vor diesem Hintergrund ist auch Dalís künstlerischer Weg letztendlich schlüssig. Es sei unnötig, die Welt tatsächlich zu verändern, postulierte er. Vielmehr könne er seine eigenen Visionen dazu nutzen, die Realität nach seinem Geschmack umzumünzen. Das klingt ganz nach Pippi Langstrumpf, die sich die Welt macht, wie sie ihr gefällt.

Angeblich hatte Dalí sich die Fähigkeit antrainiert, reale Dinge in seiner eigenen Wahrnehmung zu etwas völlig anderem mutieren zu lassen. 1936 stellte er diese Weltsicht der Öffentlichkeit als „paranoisch-kritische Methode“ vor, und sie sollte sein weiteres Schaffenswerk kennzeichnen. Den wesentlichen Meilenstein schlechthin auf seinem Weg zur künstlerischen Identität stellte Dalís Entdeckung der freudschen Psychoanalyse dar. Als großer Bewunderer Freuds ließ er dessen Erkenntnisse in Form von Symbolik und Traumwelten in sein eigenes Werk einfließen. Hinzu kamen seine außerordentliche Verehrung der italienischen Renaissance-Maler, deren Werke er zum Vorbild nahm, sowie seine Befähigung zu höchster technischer Perfektion. So entstanden surreale Werke, die den Betrachter nicht nur verwirren, sondern vom Erschrecken bis hin zum schieren Grausen führen können.

Auf ganz ähnlich verstörende Weise gestaltete Dalí sein eigenes Dasein. Er behauptete beispielsweise, von klein auf sich selbst und anderen gerne Qualen zugefügt zu haben. Und einmal soll er sich absichtlich eine Treppe hinuntergestürzt haben, nur um den Schmerz zu fühlen. Derartige Anekdoten umranken sein Leben, ob sie der Wahrheit entsprechen oder bloß seiner Leidenschaft zu schockieren entsprungen sind, lässt sich nicht sagen. Dass Dalí nicht in den Wahnsinn abdriftete, ist wohl seiner Frau Gala zu verdanken, die ihn einerseits inspirierte, andererseits auch immer wieder erdete und stabilisierte.

Dalís Werke polarisieren, sie wirken entweder abschreckend oder euphorisierend. Wohl kaum ein Betrachter wird ihnen gleichgültig gegenüberstehen. Das erhob Dalí zum bedeutendsten und zum berühmtesten Vertreter des Surrealismus. Er ist der bisher einzige Künstler, dem schon zu Lebzeiten zwei Museen gewidmet wurden, die ausschließlich seine Werke zeigen. Das erste der beiden entstand auf Initiative zweier Sammler 1971 in Florida, das zweite eröffnete 1974 in seiner Heimatstadt Figueres.

Unter Dalís Federführung ging dieses Museum aus dem früheren Theater der Stadt hervor, das während des Spanischen Bürgerkriegs zerstört worden war. Schon ab 1960 konzentrierte sich Dalí auf den Bau dieses Museums, es beruht auf seinem Entwurf und gilt als weltgrößtes surrealistisches Gebäude. Im Turm des Museums verbrachte Dalí die letzten

Jahre seines Lebens, hier starb er 1989. Unter einer Glaskuppel fand er in der Krypta des Museums seine letzte Ruhestätte. Müßig zu erwähnen, dass in den Ausstellungsräumen eine wahre Fülle seiner Werke betrachtet werden kann, von frühen Malereien bis hin zu Objekten, die er eigens für dieses Museum schuf. Es ist ein Tempel, der des glamourösen Showmans Salvador Dalí würdig ist. Ein visuelles Spektakel, das die Besucher aufwühlt und irritiert, mache von ihnen vielleicht sogar bis an die Grenze des Verkraftbaren.

Spätestens dann ist es an der Zeit, ein bisschen Ruhe zu finden. Die Sinne zu entspannen und die Bodenhaftung zurückzugewinnen. Und wo könnte man das besser als in der nahen Bergwelt der Pyrenäen? Mit mächtigen Bergen bildet dieses Faltengebirge auf einer etwa 430 Kilometer langen Strecke die natürliche Barriere zwischen der Iberischen Halbinsel und dem restlichen Europa. Tatsächlich überragen mehr als 200 seiner Gipfel die Dreitausender-Marke. Nur im Bereich der Küsten sind die Pyrenäen niedriger, ihr zentraler Gürtel ist hingegen ein fast unüberwindliches Hindernis. Der Zwergstaat Andorra, der sich zwischen Frankreich und Spanien in ihre Bergwelt hineinquetscht, ist deshalb nur über eine einzige durch ihn hindurchführende Landstraße erreichbar.

Kaum etwas könnte wohl einen größeren Gegensatz zu Dalís sinistren Albtraumwelten darstellen als die klare Reinheit der Natur. In engen Kurven windet sich die Landstraße beim 30 Kilometer von Figueres entfernten Küstendorf Portbou durch die Berge an der spanisch-französischen Grenze. Hier in Portbou endet auch ein Gebirgssteig, der auf französischer Seite in Banyuls-sur-Mer beginnt und als historischer Wanderweg markiert ist. Es handelt sich um einen uralten Schmugglerpfad, mit ein bisschen Kondition und gutem Schuhwerk benötig man für die Gesamtstrecke knappe sechs

Stunden. Zumindest ein Stück davon möchte ich jetzt erkunden, denn ich habe ein Buch darüber gelesen. Es ist von Lisa Fittko geschrieben, erschien 1989 und heißt „Mein Weg über die Pyrenäen".

Lisa Fittko wurde 1909 als Tochter einer jüdischen Familie im damaligen Österreich-Ungarn geboren. Ihr späterer Ehemann Hans Fittko stammte aus Berlin. Beide engagierten sich früh im Widerstand gegen die Nazis, wurden verfolgt und flohen schließlich nach Banyuls-sur-Mer. Als Frankreich besetzt wurde, begann das Paar in Zusammenarbeit mit einer Fluchthilfeorganisation, andere Flüchtlinge über die Berge nach Spanien zu führen. Ihr prominentester Schützling war der von den Nazis verfolgte Berliner Philosoph Walter Benjamin. Zwar gelang die Flucht im September 1940, doch verweigerte man Benjamin in Spanien die Weiterreise. Er befürchtete, nach Frankreich zurückgeschickt und an die Deutschen ausgeliefert zu werden. Aus blanker Angst und Verzweiflung nahm er sich deshalb in der Nacht nach seiner Ankunft in Portbou das Leben.

54 Jahre später wurde in der Bucht von Portbou unter Beisein der damals 95-jährigen Lisa Fittko ein Mahnmal enthüllt, das an Walter Benjamins dramatische Flucht erinnert. Und seit 2007 ist der Wanderweg markiert, der ihm zu Ehren den Namen „Ruta Walter Benjamin" trägt. Anhand historischer Dokumente wurde der genaue Verlauf der Fluchtroute akribisch rekonstruiert.

Der eigentlichen Richtung entgegengesetzt wandere ich von Portbou aus zunächst auf einem verwitterten Wirtschaftsweg vorbei an Gärten, Zäunen und Steinmauern ganz gemütlich durchs grüne Tal. Doch mit einem Mal steigt der Pfad steil an der Flanke eines Berghangs empor. Nun heißt es klettern, und das auch noch in der prallen Sonne.

Hin und wieder laden Zitate des Philosophen am Rand des Steigs zu einer gedankenvollen Verschnaufpause ein. Vom anstrengenden Aufstieg kurzatmig geworden, nutze ich die Gelegenheiten nur zu gerne. „Die Menschheit soll versöhnt mit ihrer Vergangenheit scheiden – und eine Form des Versöhntseins ist die Heiterkeit“, lese ich schnaufend und schaue neidvoll ein paar Ziegen hinterher, die sich leichtfüßig bergauf verziehen.

Ich bin nur einen Teil der Ruta Walter Benjamin gegangen, die zunächst auf spanischer Seite parallel zur Grenze verläuft. Doch bevor ich wieder nach Portbou zurückkehre, lege ich noch eine weitere Rast ein. Die Belohnung für den steilen Anstieg ist nämlich ein erhabener Blick auf die Berge und die felsigen Buchten der nordkatalanischen Küste. Hoch über mir, fast in den Wolken, kreist ein Gänsegeierpaar. Das ist keine Überraschung, denn inzwischen kommen diese riesigen Aasfresser recht häufig in den Pyrenäen vor. Es scheint sogar ein gewisser Druck durch Überpopulation zu bestehen, der manche Vögel zum Auswandern zwingt. Jedenfalls wurden schon Gänsegeier pyrenäischer Herkunft in Belgien gesichtet.

Auch Schmutz- und Bartgeier finden in den Pyrenäen noch ein Refugium, außerdem verschiedene Arten von Adlern. Wer Glück hat, kann in felsigen Höhen Pyrenäengämsen beobachten, das sind etwas kleinere und vor allem deutlich rötlicher gefärbte Verwandte der Alpengämsen. Diese gewöhnlichen Gämsen kommen in den Pyrenäen ebenfalls vor. Im westlichen Teil des Gebirges existiert die letzte natürliche Population Europäischer Nerze, und überall gibt es Murmeltiere, die allerdings aus den Alpen eingeführt worden sind.

Doch abgesehen von den Gänsegeiern und zahlreichen anderen Vögeln sind die Spuren von Wildschweinen alles, was ich unterwegs entdecke. Die Sichtung eines Pyrenäen-

Desmans ist mir leider nicht vergönnt. Kein Wunder, denn die Tierchen sind selten. Sie leben in Felsspalten und ähneln ihren Verwandten, den Maulwürfen. Allerdings sind sie keineswegs blind, kommen aber nur nachts aus ihrem Versteck. Dann suchen sie Insekten, Würmer und kleine Fische in den Gebirgsbächen.

Auch vereinzelte Braunbären leben in den Pyrenäen. Nachdem die Tiere Mitte des letzten Jahrhunderts durch Jagd so gut wie ausgerottet waren, stellte man sie in den Sechzigerjahren unter Schutz. Nicht jeder ist damit einverstanden, vor allem die Hirten sehen ihre Herden bedroht. Allerdings erhalten sie recht hohe Kompensationen für gerissene Tiere. Seit den Neunzigerjahren importieren die Franzosen gelegentlich ein paar Bären aus Slowenien, um neues Leben in den Bestand der Pyrenäenbären zu bringen. Die rund 50 Braunbären, die es heute in den Pyrenäen gibt, leben nicht zuletzt deshalb meist auf der französischen Seite. In Katalonien findet man sie am ehesten in der dünn besiedelten Gegend von Alt Pirineu, die im Dreiländereck zwischen Spanien, Andorra und Frankreich liegt. Außerdem gibt es in Spanien noch zwei weitere Bärenpopulationen im Kantabrischen Gebirge, der westlichen Verlängerung der Pyrenäen, die parallel zur nördlichen Atlantikküste verläuft. Und im Mai 2020 wurde im galicischen Naturpark O Invernadeiro nördlich der portugiesischen Grenze der erste Bär seit 150 Jahren gesichtet.

Doch die Tiere sind selten und zudem äußerst menschenscheu. Ich brauche mich also nicht darüber zu wundern, dass ich auf keinerlei Bärenspuren stoße. Auch Wölfe gibt es in den Pyrenäen kaum, obwohl der Iberische Wolf mit mehr als 2.000 Individuen in Spanien vertreten ist. Sie haben ihr Verbreitungsgebiet aber im Wesentlichen im Nordwesten des Landes, ganz wenige Tiere leben auch im nördlichen Andalusien. Die vereinzelten Wölfe, die sich bisher auf den Vormarsch in die Pyrenäen begeben haben, sind Einwanderer aus den italienischen Alpen.

Dank ihrer wilden Struktur bieten die Pyrenäen eine Vielfalt der verschiedensten Lebensräume, von alpinen Gipfeln und Gletschern über Hochalmen, neblige Wälder und lichte Korkeichenhaine bis hin zu mediterranen Landschaften. Entsprechend breit gefächert ist ihre Lebenswelt. Das macht sie zu einem Eldorado für Naturliebhaber, die nach aufwühlenden Begegnungen mit spanischer Kultur eine kurze Verschnaufpause einlegen wollen. Oder vielleicht, weil ihnen nach dem steilen Anstieg auf der Ruta Walter Benjamin die Puste ausgegangen ist.

Pa amb tomàquet – katalanisches Tomatenbrot

Zutaten für 4 Personen:

12 Scheiben Weißbrot
100 ml gutes Olivenöl
6 aromatische Tomaten
4 Knoblauchzehen
Meersalz

Zubereitung:

Die Weißbrotscheiben goldbraun rösten. Die Knoblauchzehen schälen und die oberen Seiten der Brote damit einreiben. Nun die Tomaten halbieren und die Brote mit dem Fruchtfleisch einreiben. Die Schalen anschließend entfernen. Jetzt die Brote mit Olivenöl beträufeln, zum Schluss salzen. Die Brote werden warm verzehrt.

Diese einfache Mahlzeit ist besonders in Katalonien sehr beliebt. Man verspeist die Tomatenbrote zum Frühstück, als Zwischenmahlzeit, als Vorspeise oder zu den Tapas. Ganz nach Belieben kann man die Brotscheiben auch noch belegen, zum Beispiel mit Schinken, Wurst oder Käse, mit Oliven, gebratenem Gemüse, Sardellen oder gebratenen Schweinelendchen. Hat man schmackhafte Tomaten und hervorragendes Olivenöl zur Verfügung, schmeckt das Pa amb tomàquet aber eigentlich pur am besten.

Die mallorquinische Variante dieses ehemaligen Arme-Leute-Essens heißt „pa amb oli", dabei wird gerne die auf der Insel heimische alte Tomatensorte Ramallet verwendet. Ramallet-Tomaten schmecken süß-säuerlich und sind hoch aromatisch, was dem Pa amb oli sehr zupasskommt.

Prinzipien, Fans und Zuckerbäcker – Madrid

Erschöpft lenke ich meine Schritte in Richtung Paseo del Prado. Ich möchte diesen Prachtboulevard überqueren, vielleicht kurz unter seinen Alleebäumen Atem schöpfen, vorbei am Museo del Prado flanieren und diesem zumindest einen ehrfurchtsvollen Blick schenken.

Zu mehr wird es heute nicht kommen. Der Prado ist eines der bedeutendsten Museen der Welt, voller Meisterwerke spanischer, holländischer und anderer klassischer Maler der Alten Welt. Botticelli, Dürer, Caravaggio, Tizian und Hieronymus Bosch, Velázques, de Goya oder Rembrandt, kaum ein gefeierter Name, der hier fehlen würde. Gemälde über Gemälde, dazu Drucke, Zeichnungen und Skulpturen, ein schier unerschöpflicher Schatz, der alljährlich an die drei Millionen Kunstbegeisterte in seinen Bann zieht. Doch ich werde mich heute mit dem Anblick der Fassade bescheiden.

Ich bin unterwegs auf dem Paseo del Arte, der Kunstmeile von Madrid. Sie bietet gleich drei Museen von Weltrang, neben dem Prado sind es das Museo Thyssen-Bornemisza mit einem Querschnitt durch die Kunstgeschichte, der vom Mittelalter bis zur Pop Art reicht, sowie das Museo Reina Sofía mit neuerer spanischer Kunst. Wer kann so viel auf einmal in sich aufnehmen? Auch wenn es ein vergünstigtes Ticket gibt, das zum Besuch aller drei Museen berechtigt, habe ich mich ausschließlich für das Museo Reina Sofía entschieden. Und zwar vor allem, weil ich nach Joan Miró und Salvador Dalí noch dem anderen Großmeister der spanischen Moderne meine Reverenz erweisen will: Pablo Picasso. Zwar kommen weder Miró noch Dalí im Museo Reina Sofía zu kurz, doch die größte Attraktion ist zweifelsohne Picassos Gemälde Guernica, das hier ausgestellt ist.

Bereits 1881 geboren, war Picasso nicht nur 23 Jahre älter als Dalí. Die beiden Künstler trennten auch in künstlerischer und in persönlicher Hinsicht Welten. Zwar zollte Dalí seinem älteren Kollegen hohen Respekt, nachdem er ihn 1926 erstmals in Paris besucht hatte. Doch die Beziehung der beiden sollte sich alsbald trüben. Picasso lieh Dalí Geld für eine USA-Reise, das dieser nie zurückzahlte. Weitaus gravierender als diesen Schlendrian wertete Picasso aber wohl Dalís unverhohlene Nähe zum Diktator Franco.

Im völligen Gegensatz zu Dalí betrachtete Picasso reale Gegebenheiten, die Politik sowie die jeweilige persönliche Haltung beidem gegenüber als untrennbar verwoben mit dem künstlerischen Schaffen. Picasso, selbst Mitglied der kommunistischen Partei, machte niemals einen Hehl aus seiner Abneigung gegenüber Franco. Dafür nahm er es in Kauf, dauerhaft in Frankreich zu bleiben, dessen pulsierende Kunstszene ihn schon zu Beginn des Jahrhunderts nach Paris gezogen hatte. Er engagierte sich für ein Leben in Freiheit und Gleichheit, stets trat er entschieden gegen Terror und Gewalt ein. Sein Schwerpunkt lag auf der Menschlichkeit, die er auch mit seinen Werken zum Ausdruck bringen wollte.

Das schönste von Picasso geschaffene Symbol ist die Friedenstaube. Sie galt ihm als Sinnbild für Leid und Schutzbedürftigkeit der Schwächeren. Immer wieder stellte er bevorzugt weiße Tauben dar, doch zum Kultbild stieg die Silhouette einer Taube mit Ölzweig auf, die er 1949 für den Pariser Weltfriedenskongress lithografierte. Schon in der biblischen Geschichte von der Arche Noah vermeldet eine solche Taube das nahende Ende der Sintflut. Im Christentum steht die weiße Taube für den heiligen Geist. Aber erst durch Picasso geriet sie zum Vorbild für das heute weltweit genutzte Friedensemblem schlechthin. Und Picassos Tochter, die am Abend jenes Kongresses geboren wurde, erhielt den Namen „Paloma" – „Taube".

Ganz besonders bezeichnend für den inhaltlichen Unterschied zwischen Dalí und Picasso ist vor allen Dingen ein Werk: Guernica. Und genau das ist der Grund, warum ich mich für das Museo Reina Sofía entschieden habe.

Guernica avancierte sogar zum berühmtesten Antikriegsbild des ganzen 20. Jahrhunderts, und das macht Pablo Picasso womöglich zum herausragendsten Künstler dieser kriegsgebeutelten Epoche.

Das Gemälde thematisiert die Zerstörung der baskischen Stadt Guernica durch deutsche und italienische Luftangriffe während des Spanischen Bürgerkriegs im Jahr 1937. Das Bombardement durch die Streitkräfte Hitlers und Mussolinis diente der Unterstützung des Diktatorkollegen Francisco Franco.

Das Werk Guernica ist mit einer Fläche von mehr als 27 Quadratmetern von kolossalen Ausmaßen und dabei ausschließlich in abgestuften Grautönen gehalten. Die düstere Wirkung unterstreicht somit im wahrsten Sinne das Grauen, das die in kubistischer Ikonografie dargestellten Motive widerspiegeln. Da ist das Pferd mit schreckgeweiteten Augen, das Maul wie zum Schrei weit aufgerissen. Es steht symbolisch für die leidvolle Opferrolle. Der Stier, etwas abseits und scheinbar unberührt, mag die kalte Brutalität der Kriegsherren im Allgemeinen und General Francos im Speziellen repräsentieren. Ringsherum Menschen, Gesichter voller Verzweiflung, dahingestreckte Gliedmaßen. Ein totes Kind in den Armen der Mutter, die hilfeheischend emporgerissenen Hände einer brennenden Frau. Und der Olivenzweig in der Faust eines Kriegers. Als einziger Hoffnungsfunke entsprießt er dieser Komposition aus Gewalt und Schrecken.

Tief erschüttert habe ich das Museum verlassen, und noch immer wirkt dieses Bild in mir nach. Im nahen Retiro-Park möchte ich deshalb etwas Erholung schöpfen, das friedliche Grün genießen inmitten der größten Metropolregion unseres Kontinents, in der sieben Millionen Menschen leben. Mehr als drei Millionen davon wohnen in der eigentlichen Stadt Madrid, der Rest in ihrem direkten Umland.

Ich möchte etwas Ruhe in meine Gedanken einkehren lassen, während ich im Retiro-Park die Ruderboote auf dem See Estanque betrachte. Will die Aromen des Rosengartens in mir aufnehmen, unter den zahllosen Alleebäumen entlangschlendern und den fantastischen Palacio de Cristal bewundern, ein Meisterwerk des Jugendstils, das fast ausschließlich aus gusseisengefassten Glasscheiben besteht.

Doch unversehens gerate ich noch auf dem Paseo del Prado in einen ganz neuen Trubel. Ich finde mich in einem Pulk von Menschen wieder, überall weiße T-Shirts, Jubel und flatternde Fahnen. Letztere sind rot und goldgelb gestreift wie die Spanische Flagge. Aber nicht das Staatswappen mit Königskrone, Heraklessäulen und Schild prangt in der mittigen goldgelben Fläche und auch nicht der berühmte Osborne-Stier, der vom Werbeträger für Brandy zum nationalen Wahrzeichen des Landes aufstieg. Seine prägnante schwarze Silhouette klebt nicht nur auf ungezählten Autohecks, sondern imponiert auch gleich 88-mal als 14 Meter hohe Blechskulptur in der Landschaft etlicher Regionen des Landes. Jedoch nicht auf diesen Flaggen.

Hier ist es ein Kreis, auf dem eine Krone sitzt, und in den verschlungenen Zeichen im Inneren des Kreises kann ich ein M, ein F und ein C ausmachen. Es ist das Vereinswappen von Real Madrid, in der Anfangszeit mit den Initialen „MFC" für „Madrid Football-Club" gekennzeichnet. Erst 1920 verlieh der König dem Verein die Insignie „Real", was „königlich" bedeutet und nicht nur eine namensändernde Wirkung nach sich zog, sondern auch dem Emblem des Klubs zu seiner Krone verhalf.

Und warum wird diese Fahne jetzt hier geschwungen? Natürlich weil der Verein mal wieder einen Titel errungen hat! Die Siegesfeiern der Fangemeinde finden traditionell an der Fuente de Cibeles statt, einem Brunnen auf dem gleichnamigen Platz. Er befindet sich an der Kreuzung zwischen Paseo del Prado und Calle de Alcalá, einer der längsten und ältesten Straßen von Madrid. Der Brunnen ist umringt von repräsentativen Gebäuden, von denen vor allem der weiße Zuckerbäckerbau des Palacio de Cibeles ins Auge sticht. Bei zahlreichen historischen Gebäuden der Stadt fällt solch ein komplexer Mix aus Stilelementen vergangener Epochen auf, man bezeichnet diese zitierende Form der Architektur als Eklektizismus.

Der Palacio de Cibeles ist wuchtig, imposant und vor allem reichlich mit Schmuckelementen verziert. Man könnte ihn fast für den königlichen Palast halten. Doch das Stadtschloss des Monarchen ist der Palacio Real, und der ist nicht nur noch wesentlich größer, sondern liegt genau auf der entgegengesetzten Seite des historischen Zentrums im Westen von Madrid. Nein, man kann es kaum glauben, aber der Palacio de Cibeles stellte einst nichts anderes als den Sitz der Hauptpost von Madrid dar. Weil es mit den Postämtern aber überall bergab geht, ist inzwischen die Stadtverwaltung hier eingezogen.

Den Brunnen Fuente de Cibeles in der Mitte der Kreuzung schmückt ein löwengezogener Wagen, auf dem die anatolische Göttin Kybele thront, deren Verehrung während der römischen Antike zum Mysterienkult aufstieg. Auch dieser Brunnen hat längst Kultstatus, er gilt als eines der Wahrzeichen von Madrid. 1782 entstanden, diente er damals aber beileibe nicht nur der Dekoration. Sein Becken wurde vielmehr als Pferdetränke genutzt, an seinen Rohren füllten städtische Wasserträger ihre Eimer und belieferten damit die Bürger der Stadt. Doch obwohl es längst Wasserleitungen in den Häusern gibt, dient der Brunnen auch heutzutage nicht etwa der Zierde allein.

Denn hat Real Madrid ein entscheidendes Spiel gewonnen, so erscheint der Mannschaftskapitän, hängt einen Schal um den Hals der Kybele und staffiert sie mit der Vereinsflagge aus. Längst schon sind die Fans herbeigeströmt, die Madridistas. Göttin und Löwen versinken im Taumel des Jubels. Schließlich ist Real Madrid einer der berühmtesten Fußballvereine der Welt, noch niemals in seiner Geschichte ist er aus der Primera División abgestiegen, der ersten Liga Spaniens. Er schmückt sich mit etlichen Meistertiteln und Pokalsiegen, darüber hinaus darf er sich laut FIFA als bester Fußballklub des 20. Jahrhunderts bezeichnen. Dazu noch schillernde Spielernamen wie Ronaldo, David Beckham, Günter Netzer, Arjen Robben, Zinédine Zidane oder Hugo Sánchez, was will man mehr?

Nur die Fans der beiden anderen Madrider Klubs wenden sich naserümpfend ab. Da gibt es nämlich noch Atletico Madrid, den großen, wenn auch nicht ganz so erfolgreichen Gegenspieler. Dessen Fangemeinde trifft sich an der Fuente de Neptuno, wenn es etwas zu feiern gibt. Der Name lässt es schon erahnen, auch das ist ein Brunnen, und dieses Mal sind es Pferde, die den Wagen des Meeresgottes durch Kaskaden rauschenden Wassers ziehen. Auch der Neptunbrunnen liegt am Paseo del Prado, nur einen guten Steinwurf vom Kybelebrunnen entfernt. Trotzdem wird es nicht vorkommen, dass sich die Fans beider Vereine beim Feiern in die Quere kommen und Steine werfen.

Bleiben noch die Fans des vergleichsweise abgeschlagenen Rayo Vallecano, dem Fußballklub aus dem Stadtviertel Vallecas. Auch die wollen nicht zu kurz kommen und feiern am Brunnen auf der Plaza de la Asamblea vor dem Parlamentsgebäude der Autonomen Gemeinschaft Madrid. Und siegt die Nationalelf, dann treffen sich alle gemeinsam auf der Plaza de Colón, einem repräsentativen Platz, den man im weiteren Verlauf des Paseo erreicht. Ihn schmückt eine 17 Meter hohe Säule mit einer Statue des Christoph Kolumbus.

Die ausgelassene Fröhlichkeit der Fußballfans ist wirklich ansteckend. Derart beschwingt erreiche ich endlich den Park, und als ich kurze Zeit später auf einer Bank meinen Gedanken nachhänge, fällt mir ein, dass ich ja unbedingt noch Mitbringsel für die Daheimgebliebenen kaufen muss!

Soll ich im Metro-Shop ein paar Schlüsselanhänger erwerben? Oder besser in einer Bodega einige Fläschchen Crema de Madroño erstehen? Das ist ein Likör aus den Früchten des Erdbeerbaums. Auch im Wappen von Madrid ist dieser Baum zu sehen. Er ist immergrün, wird um die fünf Meter hoch und trägt süße, wenn auch geschmacksneutrale Früchte, die sich prima zum Naschen, zum Einkochen von Marmelade oder eben zum Ansetzen von Likör eignen. Doch mein Koffer ist ohnehin schon so schwer, auf Flaschen sollte ich besser verzichten. Was tun?

Mit einem Real-Madrid-Shirt aus dem offiziellen Fan-Shop könnte ich wohl nicht einmal meine Söhne begeistern. Doch da fällt mir etwas ein. Es gibt nämlich auf der kleinen Plaza de Canalejas in der Altstadt ein winziges, aber ganz hinreißendes Bonbongeschäft: La Violeta. Der Laden ist so klein, dass man sich darin kaum drehen kann, und auf den Regalen präsentieren sich Teller und Vasen. Genau wie die Theke, die Vitrinen und die Regale stammen sie noch aus der Gründungszeit des Familienbetriebs. La Violeta öffnet schon seit 1915 seine Ladentür und ist in Madrid längst eine Institution.

Mein Blick konzentriert sich nicht auf Vasen und Teller, sondern auf die hübschen Schachteln, die kleinen Döschen und die Bonbonnieren. Bei ihnen dominiert die Farbe Lila, und lila ist auch die Schürze der jungen Verkäuferin. Lächelnd offeriert sie mir einen Drops zum Verkosten. Es gibt zwar auch ein paar andere Sorten, außerdem verführerische Schokolade, doch dieser Drops ist der Klassiker. Und natürlich ist er zartlila. Ein Veilchenbonbon, himmlisch! Eine einzige Sache verbindet mich mit Kaiserin Elisabeth, genannt Sissi, und das ist die Liebe zu Duft und Geschmack der Veilchen. Sissi naschte kandierte Veilchenblüten, ich hingegen lasse jetzt die süße Köstlichkeit von La Violeta auf meiner Zunge zergehen. Exzellent, die Sache ist geregelt! Jeder bekommt ein Döschen mit Veilchenbonbons.

Wenn ich meinen Kindern dann vom Ausflug nach Madrid erzähle, werden sie sich an den nächtlichen Flug nach Málaga und unsere gemeinsame Reise durch Andalusien erinnern. An die Alhambra, den Flamenco, Guadix und die Sierra Nevada. An die Rosen – und vielleicht auch an die Pommes mit Ei.

Falls sie die Veilchendrops dann wider Erwarten nicht mehr mögen sollten, werde ich mich ganz bestimmt opfern. Und beim süßen Gaumenkitzel genüsslich in Erinnerungen an Spanien schwelgen.

Tarta de Santiago con flores de violeta – Mandelkuchen mit Veilchenblüten

Zutaten:

250 g gemahlene Mandeln
250 g Puderzucker
6 Eier
die dünn abgeriebene Schale einer unbehandelten Zitrone
1 Pck. Vanillezucker
kandierte Veilchenblüten (gibt's im Internet)
Salz
Puderzucker zum Bestäuben
Butter für die Backform

Zubereitung:

Die Eier trennen. Die Eigelbe mit dem Puderzucker aufschlagen, Vanillezucker, Orangenschale und Mandeln gut unterrühren. Die Eiweiße mit einer Prise Salz zu festem Eischnee schlagen und unter die Masse heben. Eine Springform mit Butter einfetten, die Masse hineinfüllen. Den Backofen auf 180°C vorheizen und den Kuchen 35-40 Minuten backen. Der Kuchen ist fertig, wenn an einem hineingesteckten Zahnstocher kein Teig mehr hängenbleibt.
10 Minuten in der Form abkühlen lassen, dann daraus lösen. Den Kuchen mit Puderzucker bestäuben und den Rand mit Veilchenblüten dekorieren.

Dieser Kuchen stammt ursprünglich aus Santiago de Compostela. Er wird dort aber nicht mit Veilchenblüten, sondern mit dem Jakobskreuz verziert, indem man vor dem Bestäuben eine entsprechende Schablone auflegt. Die Bezeichnung „Tarta de Santiago" ist eine durch die EU geschützte Ursprungsbezeichnung, nur in Galicien hergestellte Mandelkuchen dürfen sich so nennen. Mandelkuchen ist allerdings längst in ganz Spanien beliebt. Die Variante mit Veilchenblüten entstand speziell für mich.

Huevos rotos – Pommes mit Ei

Zutaten für 4 Personen:

8 Eier
6 große Kartoffeln (mehlig)
reichlich Olivenöl
Salz

Zubereitung:

Die Kartoffeln schälen, in Stäbchen schneiden und dann 10 Minuten wässern, um die Stärke zu entfernen. Abgießen und mit einem Geschirrtuch trocken tupfen. In einer großen Pfanne reichlich Olivenöl erhitzen und die Kartoffelstäbchen bei mittlerer Hitze braten, bis sie weich sind und leicht bräunen. Sie dürfen nicht knusprig werden, weil sie sonst das Ei nicht gut aufnehmen. Mit dem Schaumlöffel aus der Pfanne nehmen, auf Tellern verteilen und salzen.

Das meiste Öl aus der Pfanne entfernen, die Hitze maximal erhöhen. Die Eier hineingleiten lassen, die Eigelbe müssen unversehrt bleiben. 1 Minute backen, bis das Eiweiß fest wird. Mit der Unterseite nach oben auf die Kartoffelstäbchen legen und die Eier auseinanderzupfen, sodass sich das Eigelb über die Kartoffeln ergießt. Sofort servieren.

Als Beilage reicht man einen Salzstreuer.

Als Erfinderin dieses Gerichts gilt die Großmutter von Lucio Blázquez aus Serranillos in der Provinz Ávila. Lucio erzählte, dass seine Großmutter Knickeier kurzerhand über gebratenen Kartoffeln aufbrach. In den 1950er Jahren kam er nach Madrid und führte dort ab Mitte der 1970er Jahre die Gaststätte Casa Lucio, die für ihre Huevos rotos längst sehr berühmt ist. Es ist sozusagen der Gourmet-Tempel für Pommes mit Ei. Die Spezialität hat sogar einen eigenen Artikel in der spanischen Wikipedia.

Das letzte Wort

Liebe Leser*innen,

ich hoffe, Ihnen hat unsere Reise durch Spanien gefallen. Natürlich gibt es in diesem faszinierenden Land noch viel mehr zu entdecken, denn es ist überreich an prächtigen Städten, urigen Dörfern und atemberaubenden Landschaften, an Kunstschätzen, Naturschönheit und sonnengeküssten Stränden, an skurrilen Traditionen und an lebensfrohen Menschen.

Versäumen Sie nicht die vielen Fotos aus Spanien auf meiner Website **www.almutirmscher.de**!

Natürlich freue ich mich wie immer über Ihre Tipps, Hinweise oder Anregungen und beantworte auch gerne Ihre Fragen. Schreiben Sie mir einfach an

kontakt@almutirmscher.de

Vielen Dank und …

... *adiós*. Vielleicht sehen wir uns in Spanien!

Ihre

Almut Irmscher

Danksagung

Ich danke allen, die mich mit Tipps und Anregungen unterstützt haben. Ganz besonders danke ich meinem Mann Ulrich Otto, ohne seinen Rat, seine Korrekturen, seine Aufmunterungen und seine ständige Bereitschaft, mir alle Hindernisse aus dem Weg zu räumen, wäre meine Arbeit nicht möglich.

Mein herzlicher Dank geht an meine Freundin Rosi Seidl, die auch dieses Buch sowie die Fotoalben auf meiner Website www.almutirmscher.de mit ihren schönen Bildern bereichert hat.

Besonderer Dank gebührt auch meiner Freundin Gunhild Hexamer, die mich (nicht nur mit Hundekarten) durch die Jahrzehnte des Lebens begleitet hat. Auch die Entstehung meiner Bücher begleitet sie jedes Mal aufs Neue unermüdlich und engagiert mit ihren Hinweisen, Korrekturen und Anregungen. Sie ist es auch gewesen, die mir überhaupt erst den Anstoß zum Schreiben gegeben hat. Ohne Gunhild gäbe es meine Bücher nicht.

Gunhild ist selbst Autorin, wenn Sie sich für Nordamerika interessieren, dann empfehle ich Ihnen ihre Bücher, die Sie auf ihrer Website www.ghexamer.de finden.

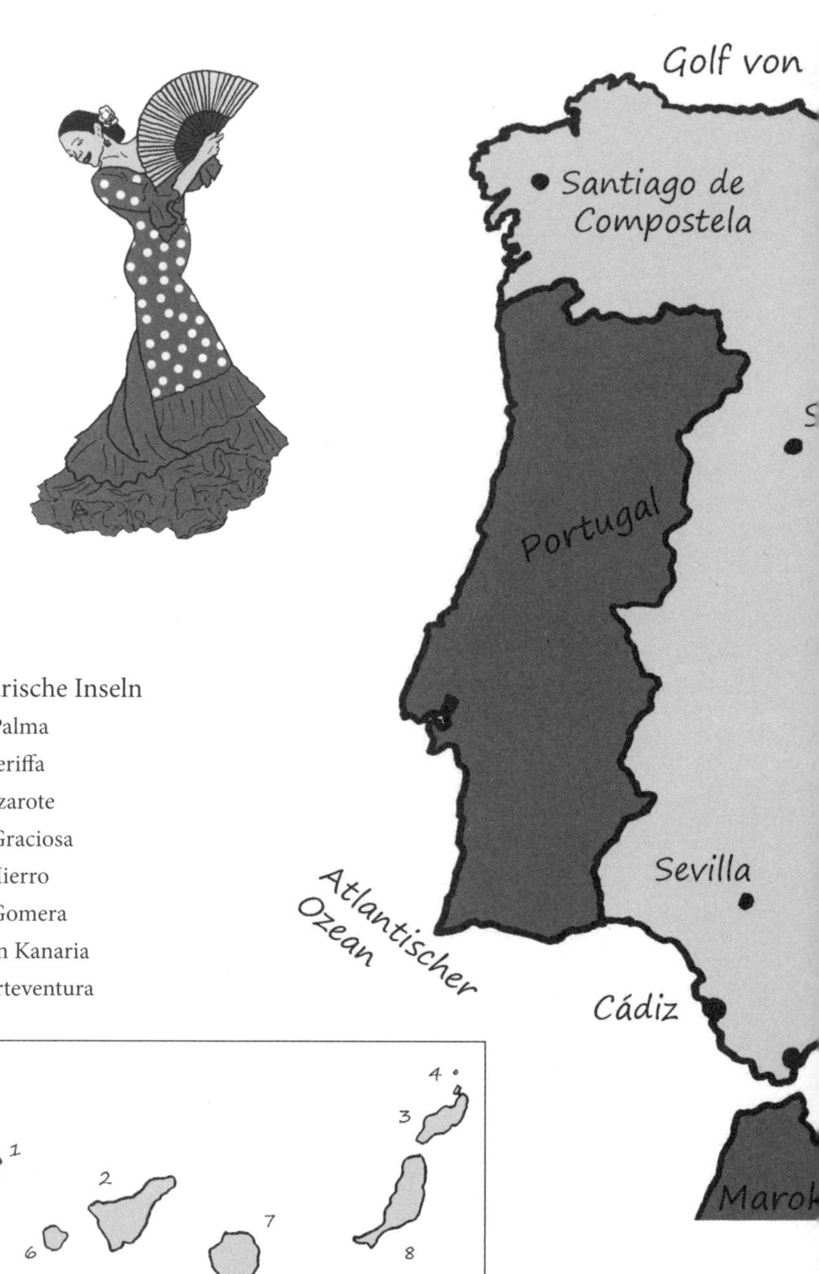

Kanarische Inseln

1 La Palma

2 Teneriffa

3 Lanzarote

4 La Graciosa

5 El Hierro

6 La Gomera

7 Gran Kanaria

8 Fuerteventura

Frankreich
Bilbao
Getaria
Pyre
näen
Andorra
Portbou
Figueres
Saragossa
Barcelona
Madrid
Menorca
Mallorca
Valencia
Buñol
Ibiza
Balearische Inseln
Alicante
Baza
Cartagena
Guadix
Málaga
Algerien

Alcázar deSevilla

Canales-Stausee, Sierra Nevada

Rio Jallas, Galicien

Alhambra

Teneriffa

Albaicín, Granada

Albaicín, Granada

Flamenco

Fuente und Palacio de Cibeles, Madrid

Flamenco

Auf dem Jacobsweg

Auf dem Jacobsweg

Pilgerstöcke

Santiago de Compostela

Barcelona

Cuitat de les Arts i les Ciències, Valencia

Gibraltar

Guadix

Mallorca

Die Autorin 1965 auf Mallorca

Patio de la Acequia - Generalife, Granada